그리스도인의 정의

Copyright © 1995, 2004 D. A. Carson

This translation of *Basics for Believers* first published in 1995 is published by arrangement with Inter-Varsity Press, Nottingham, United Kingdom through rMaeng2, Seoul, Republic of Korea. All rights reserved.

This Korean Edition Copyright © 2011 by DMI Press, Seoul, Republic of Korea.

이 한국어판의 저작권은 알맹2 에이전시를 통하여 저작권사와 독점 계약한 도서출판 국제제자훈련원에 있습니다. 신 저작권법에 의하여 한국 내에서 보호받는 저작물이므로 무단 전재와 무단 복제를 금합니다.

D. A. 카슨이 말하는 **그리스도인의 정의**

D. A. 카슨 지음
송영의 옮김

국제제자훈련원

추천의 글

'과연 신앙생활의 목적은 무엇일까? 우리는 왜 신앙생활을 하는 것일까?' 아마도 이 질문을 해 보지 않은 구도자는 없을 것입니다. 왜냐하면 신앙의 목적을 알아야 신앙의 기초를 바르게 세울 수 있고, 우리 삶의 여정에서 신앙적 자세를 가다듬을 수 있기 때문입니다. 그래서 신앙이란 기초를 세워 목적에 이르는 것이 아니라 목적에 맞는 기초를 놓는 것입니다.

오늘날 많은 교회의 지도자들과 신학자들이 우리의 신앙에 문제가 많다고 지적합니다. 더 구체적으로 말하면 한국교회의 신앙의 변질을 지적합니다. 교회가 선포하는 복음, 교인들이 추구하는 복된 삶의 개념이 그 본질과는 많이 멀어졌다는 뜻입니다. 신앙과 복음의 목적을 다르게 생각하니 그 기초를 엉뚱하게 세울 수밖에 없었던 것입니다. 목적지를 잘못 이해하니 기초를 이상하게 세웠고, 기초가 이상하니 또 목적지가 엉뚱하게 나오는 악순환이 계속 이어지는 것입니다.

한국교회의 문제점들은 여러 형태로 나타나지만 숨은 이유는 하나입니다. 그것은 우리가 언제부터인가 부활신앙을 잃었기 때문입니다. 예수 그리스도의 죽음을 승리의 상징으로 생각하지도 않고, 부활의 기쁨을 우리 삶에 구체적으로 누리지도 못하고 있는 것입니다. 교인들에게 죽음을 강조하거나 부활을 얘기하는 것은 더 이상 교회 안에서 호응을 얻지 못하고 있습니다. 왜냐하면 우리의 관심은 언제나 오늘의 현실에 있기 때문입니다.

그러나 부활신앙이란 단순히 사람이 죽은 후에 천국에서 다시 살아난다거나 먼 훗날 육신이 다시 사는 것에 소망을 두는 문제가 아닙니다. 즉, 죽음을 앞둔 중환자들이나 노인들에게만 관심거리가 되는 문제가 아닌 것입니다. 예수 그리스도가 부활하셨다는 것을 믿고, 우리도 첫 열매이신 예수님의 뒤를 이어 부활할 것을 믿는 것은 보다 더 중요한 신앙의 의미가 있습니다. 부활했다는 것은 생명이 사망을 이겼다는 것입니다. 그것은 선이 악을 이긴다는 것이고, 진실이 거짓을 이긴다는 것이며, 사랑이 미움을 이긴다는 것입니다. 하나님의 말씀에 대한 순종이 사탄의 방법을 이긴다는 것입니다. 그러기에 부활신앙은 죽음 후를 얘기하는 것이 아닌, 바로 지금 우리의 현실, 즉 오늘을 얘기하는 것입니다.

우리가 살고 있는 이 땅을 돌아보면 거짓이 진실을 덮고 있고, 선보다 악이 항상 풍요로우며, 사랑보다는 미움이 더 강해 보입니다. 그리고 그런 생각들은 이미 교회 안에까지 파고들어 와 우리 신앙의 목적까지 흔들어 놓고 있습니다. 풍요로움과 높아지는 것과 강해지는 것은 예수를 따른다고 하는 우리에게도 불변하는 축복의 제목들입니다. 그래서 우리도 거짓을 좇아 가고 악을 선호하며 미움에 익숙해지는 것입니다. 모든 신앙의 궁극적 관심이 많아짐과 높아짐 그리고 강해짐에 있기에, 목적이 그렇게 세워지니 기초 또한 다르게 자리를 잡게 된 것입니다.

여러분은 과연 예수 그리스도의 죽음을 생각하고 있습니까? 그 죽음과 부활이 무엇을 의미하는 것인지 알고 있습니까? 예수의 죽음과 부활이 주는 승리의 기쁨을 매일의 삶 속에서 누리고 계십니까? D. A. 카슨은 이 책에서 우리가 잃었던 가장 소중한 신앙의 기초를 다시금 놓아주고 있습니다. 예수 그리스도의 죽음이라는 포기할 수 없는 비밀을 간직할 때만이 신앙인으로서 바른 삶을 살아갈 수 있음을 거듭 강조합니다.

높은뜻정의교회 담임목사 오대식

마치 바울이 빌립보서를 직접 설명한 것과 같은 이 책은 얇으면서도 매우 깊이 있고, 실제적이며, 정곡을 찌르는 내용으로 독자들에게 도전을 던진다. 빌립보서를 강해하는 목회자들에게는 물론, 일반 독자들에게도 복음과 믿음의 본질을 일깨우는 깊은 감동을 줄 것이다.

분당우리교회 담임목사 이찬수

이 책은 오늘날 서구에서 가장 빼어난 신약성경 학자들 중 한 사람으로 손꼽히는 도널드 카슨이 예리한 지성과 원숙한 영성으로 빚어낸 빌립보서 강해입니다. 짧지만 가볍지 않으며, 심오하지만 난해하지 않은 이 책은 모든 그리스도인을 대상으로 합니다. 명쾌하면서도 사려 깊은 본문 해설과 메시지가 독자들의 가슴에 커다란 감동과 울림을 선사할 것입니다. 특히 "복음을 최우선시하라"는 저자의 강력한 메시지는 '적당한 분량의 복음'에 취해 길을 잃은 한국 교회를 일깨워 진리의 길로 향하게 할 것입니다.

고려신학대학원 신약학 교수 길성남

복음주의 성경신학의 거장인 카슨 박사는 이 책에서 빌립보서에 대한 귀한 통찰을 제공합니다. 본문에 나타난 깊은 진리를 쉽게 설명해 복음의 정수를 제시하면서, 그 복음을 우리 삶에 어떻게 적용해야 하는지를 적절히 보여주고 있습니다. 그리스도인의 삶의 기초에 대한 귀한 가르침이라 확신하며 목회자, 신학도는 물론 성경을 사랑하는 모든 평신도에게 일독을 권합니다.

총신대학교 구약학 교수 김희석

모두 네 장으로 구성된 이 책은 거의 2천 년 전 사도 바울이 빌립보 교인들에게 쓴 편지를 소개하고 있다. 빌립보서에서 바울이 다룬 주제는 다름 아닌 그리스도인의 삶과 신앙의 핵심이기 때문에 "그리스도인의 정의(*Basics for Believers*)"만큼 이 책을 한마디로 잘 요약해 주는 제목은 없을 것이다.

원래 각 장은, 1994년 영국 스켁니스(Skegness)에서 고난주간 동안 열린 "살아있는 말씀 집회"(Word Alive Conference)를 위해 네 편의 설교로 준비한 것이다. 그 성경 강해 사역에 나를 초대해 주신 분들께 깊이 감사한다.

독자들이 이 책을 통해 빌립보서를 묵상하면서 바울이 한 다음 말을 깊이 되새길 수 있다면, 더할 나위 없이 기쁠 것이다. "내가 그리스도와 그 부활의 권능과 그 고난에 참여함을 알고자 하여 그의 죽으심을 본받아 어떻게 해서든지 죽은 자 가운데서 부활에 이르려 하노니"(빌 3:10-11).

오직 하나님께 영광(*Soli Deo Gloria*).

차례

추천의 글 …5

머리말 …9

1장. **복음을 최우선시하라** …13

  빌립보서 1:1-26

2장. **예수님의 죽음을
삶의 기준으로 삼으라** …49

  빌립보서 1:27-2:18

3장. **훌륭한 믿음의
지도자들을 본받으라** ⋯99

빌립보서 2:19-3:21

4장. **그리스도인다운 행함을
절대 포기하지 말라** ⋯151

빌립보서 4:1-23

수 ⋯201

역자 후기 ⋯205

1장. 복음을 최우선시하라

빌립보서 1:1-26

정말로, 나는 적당한 분량의 복음만 원할 뿐이다. 지나치면 안 된다. 중독되지 않고 나를 행복하게 해줄 정도면 충분하다. 진심으로, 정욕과 탐심을 증오할 정도의 복음은 원치 않는다. 원수를 사랑하고, 자기부인을 귀하게 여기며, 낯선 문화에서의 선교사역을 고려할 정도의 복음은 결코 원치 않는다. 나는 회개가 아닌 종교적 황홀경을, 변화가 아닌 초월성을 원한다. 매력 있고, 잘 용서하며, 마음이 넓은 사람들에게 사랑받기 원하지만, 정작 나 자신은 다른 인종, 특별히 몸에서 냄새가 나는 사람들은 사랑하고 싶지 않다. 내 야망의 방향을 수정하거나 구제를 지나치게 늘릴 정도의 복음이 아니라, 그저 내 가족이 안정된 생활을 누리고 아이들이 예의바르게 행동할 정도의 복음이면 충분하다. 정말, 적당한 정도의 복음이면 된다.

물론, 이렇게 말할 만큼 어리석은 사람은 없다. 그러나 대부분 우리에게 길들여진 복음으로 갈아타고픈 유혹을 받아 본 적은 있다. 어떤 면에서 이 유혹은 항상 우리 곁에 있다. 다만 서구 세계에 전개된 여러 가지 국면 때문에 오늘날은 특히 그 유혹이 더 강해졌을 것이다.

첫째, 세속화 과정에서 압박감이 생겨났다. 세속화는 우리가 신앙을 포기하도록 몰아가는 어떤 사회적 자극을 의미하는 것이 아니라, 신앙이 삶의 주변부로 밀려나는 과정을 말한다. 세속화의 결과는 신앙을 버리거나 복음을 몰아내는 것이 아니다. 그보다는 신앙이 우선순위에서 밀려나거나 사적인 문제로 치부되어 결국 복음이 하찮은 것으로 전락해 버리는 것이다.

이런 일이 벌어지고 있다는 증거는 어디에서든 볼 수 있지만, 한 가지만 물어 보면 쉽게 드러난다. 즉, 무엇이 국가의 담론을 지배하는가? 물론 그 대답은 정치, 경제, 오락, 스포츠, 부도덕한 일, 누가 대세며 누가 밀려나는지 등 복음을 제외한 거의 모든 것이다. 윤리와 관련된 담론은 상대적으로 거의 없으며 영원한 미래와 관련해서도 거의 전무하다시피 하다. 예수님의 가르침에서는 그러한 주제들이 중심을 차지했음에도 말이다. 따라서 복음이 가장 중요하다고 주장하면, 사람들은 우리를 회의적으로 바라보며 무시한다. 한편으로는 다른 사람들에게서 자신을 보호하기 위해, 한편으로는 자신이 몸담고 활동하는 문화로부터 막대한 영향을 받기 때문에, 실제로는 더 이상 복음에 사로잡혀 있지 않으면서도 공식적으로는 복음을 옹호하고 성경적 신앙이 무한한 가치를 지니고 있다고 고백한다.

아니면, 우리는 신앙을 사적인 것으로 만들어 버리고 겨우 명맥만 유지하게 된다. 예의를 지켜야 하는 자리에서 신앙을 논하는 것은 무례한 행위가 되고 만다. 우리는 적당한 복음을 원한다. 그러나 그러한 복음은 우리에게 아무런 도전도 주지 못한다.

둘째, 서구 세계에 퍼져 있는 자기만족 추구의 열풍이 교회에까지 그 영향력을 끼치고 있다. 신앙을 고백하는 수많은 그리스도인들에게는 이제 자기를 희생하고 베푸는 것보다 편안함과 안정감을 느끼는 것이 더 중요한 문제가 되었다. 부디 적당한 분량의 복음만 달라. 그 이상은 원치 않는다.

셋째, 우리는 소위 '철학적 다원주의'의 부상을 목격하고 있다. 이는 영국과 미국을 포함한 서구 여러 나라가 과거 어느 때보다 다양하고, 경험적으로 다원화됐다는 사실 이상을 말하고 있다. 객관적 기준에서 볼 때, 우리는 인종, 종교, 윤리적 가치 그리고 문화유산의 측면에서 우리 조상들이 경험해 보지 못한 풍성한 다양성을 자랑한다. 다양성 그 자체는 선한 것도 악한 것도 아니다. 단지 주어진 사실일 뿐이며, 매우 다양하게 해석할 수 있다. 이와 반대로 철학적 다원주의는 인간 지식 분야의 대부분이, 아니 모든 분야에서 객관적 진리가 있을 수 없다는 입장이다. 객관적 진리가 불가능하기 때문에, 특정한 이념이나 종교가 다른 것보다 우월하다고 주장하는 것은 비뚤어진 그리고 비윤리적인 태도다. 그렇다면 확실히 어떤 종교도 타종교가 잘못됐다고 말할 권리가 없다. 오히려 그렇게 주장하는 것 자체가 유일하게 '잘못된' 행위다. 이제 이단이 존재한다는 관점만이 유일한 이단이 되었다.

그런 세계에서 복음 전도는 터무니없이 개종시키려는 노력으로 쉽게 무시된다. 참 진리가 존재한다고 조용히 주장하다가는 대개의 경우 기껏해야 예스러운 19세기 인식론으로 치부되거나 최악의 경우 무지몽매한 편견이라고 무시당한다. 그래서 결국 적당한 복음만 원하는 이유를 다시금 깨닫게 된다. 절대 지나치지 않아야 한다.

바울은 당시 로마 제국에 퍼진 이와 같은 압박감이 끼치는 음흉한 악을 인식했다. 현대 서구 문화처럼 로마 제국은 서서히 부패하기 시작했다. 우리와 마찬가지로 로마는 늘 정치적 목적으로 종교를 활용하려 했을 뿐 종교에 길들여지지는 않았다. 세련된 자기탐닉에 서서히 빠져들어 안주하고, 로마 제국의 다양성에 자부심을 느끼며, 황제에게 기꺼이 충성하라고 요구함으로써 제국을 유지하기 위해 분투했다. 여러 종류의 다원주의로 인해 구원에 단 하나의 길만 있다고 말하는 것은 사람들의 관심을 받지 못했다. 실제로 속주 주민들은 보통 자신들이 믿던 신을 로마의 신들로 대체했다. 로마의 판테온 신전이 속주국의 신들 중 일부를 받아들이면 새로 정복된 속주국 사람들은 로마의 신들을 일부 받아들이는 식이었다. 그렇게 해서 어떤 신도 로마의 위력에 주제넘게 도전할 수 없었다.

바울이 빌립보서를 쓸 당시의 세계는 그런 상황이었다. 바울은 주후 51년이나 52년에 빌립보 시에 교회를 세우고, 이후 적어도 두 번 이상 그곳을 방문했다. 그러나 바울은 주후 61년경, 아마도 로마의 감옥에서 이 서신을 썼을 것이다. 그렇다면 당시 빌립보 교회는 이제 막 10년 정도 된 교회였을 것이다. 바울은 주변에 도사리고 있는 다양한 압력들이 이제 막 자리를 잡아가고 있는 교회 공동체에 해를 끼칠 수 있다는 것을 깨달았다. 바울은 빌립보 교인들을 직접 만날 수 없었다. 그러나 그는 빌립보 교인들이 그리스도인으로서 기본적인 헌신을 유지하고, 내부의 유혹 그리고 외부의 미혹, 반대와 같은 일련의 위험에서 스스로를 지키도록 격려하기 원했다.

어떤 사람이 여유 있고 아무 근심이 없는 상태에서 하는 말보다 부당하게 투옥되어 죽을 수도 있는 상황에서 하는 말이 더 무게가 있을 것이다. 그러므로 바울이 빌립보 교인들에게 그리스도인의 기초에 대해 상기하도록 감옥에서 편지라도 써야겠다고 생각했다는 사실 자체는 의심할 여지없이 그들에게 유익했다.

그렇다면 바울이 빌립보 사람들을 언급할 때 가지고 있었던 마음의 부담은 무엇일까? 2천 년이 지난 지금, 하나님은 이 동일한 말씀들을 가지고 당신의 영을 통해 무엇을 말씀하실까?

빌립보서는 가장 먼저 **복음을 최우선시하라**고 강조한다. 이 주제를 네 가지 점에서 추적하는 것이 도움이 될 것이다.

다른 신자들과의 관계에서
복음의 교제를 중심에 두라 1:3-8

바울은 종종 읽는 이들의 삶 속에 있는 무엇에 대해 하나님께 감사하는 따뜻한 말로 편지를 시작한다. 여기서 그가 감사하는 이유는 세 가지다. 물론 이 세 가지는 동일한 주제로 묶여 있다.

그 첫째 이유는 빌립보 교인들이 그를 한결같이 기억해 주기 때문이다. "내가 너희를 생각할 때마다 나의 하나님께 감사하며"(1:3). 그러나 NIV를 제외한 영어 번역본들은 "너희가 나를 기억할 때마다 내가 나의 하나님께 감사하며"와 비슷한 번역을 제시한다. 원문은 애매모호하다. 내가 볼 때, 바울은 빌립보 교인들이 자신을 기억하는 것을 언급하고 있다. 그래서 나는 NIV 번역에 동의하지 않는다. 나중에 바울은 빌립보 교인들이 자신을 따뜻하게 기억하며 자신의 사역을 재정적으로 도운 것에 감사한다. 그러나 여기서 보여 주는 관점은 더 폭넓다. 바울은 빌립보 교인들이 자신에게 보여 주는 관심이 그들이 복음에 계속 헌신하고 있음을 반영한다고 생각한다. 그래서 바울이 그들로 인해 하나님께 감사하는 것이다.

이 점은 바울이 감사드리는 둘째 이유에서 분명하게 드러난다. "간구할 때마다 너희 무리를 위하여 기쁨으로 항상 간구함은 너희가 첫날부터 이제까지 복음을 위한 일에 참여하고 있기 때문이라"(1:4-5). 그들이 "복음을 위한 일에 참여하고" 있기에 바울은 심히 기뻐하며 감사기도를 드린다. 그래서 그는 "기쁨으로 항상 간구함은"이라고 쓴다. 여기서 '참여'(partnership)라고 번역된 단어는 신약성경에서 일반적으로 '교제'(fellowship)라고 번역된다. 이 단어는 정확하게 무엇을 의미하는가?

요즈음 흔히 하는 '교제'라는 말은 그 의미가 상당히 퇴색되었다. 비그리스도인 이웃에게 집에 와서 차나 한잔하라고 한다면 그것은 우정이지만, 그리스도인 이웃에게 한다면 그것은 교제가 된다. 예배가 끝나자마자 교회를 떠난다면, 그저 예배에 참석한 것이다. 그런데 예배 후 차와 다과를 나누며 좀더 머물렀다면, 어느 정도 교제를 한 것이다. 그래서 오늘날 교제는 신자들과의 따뜻한 우정 같은 것을 의미하게 되었다.

그러나 주후 1세기 무렵에는 교제라는 단어가 대개 상업적인 의미를 지니고 있었다. 존과 해리가 함께 배를 사서 고기잡이 사업을 시작한다면, 그들은 교제, 즉 동업(partnership)을 시작한 것이다. 흥미롭게도 신약성경에서조차 이 단어는 종종 재정적인 문제와 관련이 있다. 그래서 마세도냐 그리스도인들이 예루살렘에 있는 가난한 그리스도인들을 돕기 위해 연보를 보낼 때, 그들은 예루살렘 교인들과 교제를 시작한 것이다.

진정한 교제의 핵심은 공유한 비전을 따르기 위해 자신을 기꺼이 희생하는 것이다. 존과 해리 둘 다 고깃배를 사기 위해 자신이 저축한 돈을 내놓았다. 이제 그들은 막 시작한 회사를 자립시키겠다는 비전을 공유한 것이다. 그렇다면 그리스도인의 교제는 자신을 희생하기까지 복음이라는 비전을 따르는 것이다. 이 교제에는 따뜻함과 친밀함이 함축되어 있을 것이다. 그러나 문제의 핵심은 바로 공유하고 있는 비전이다. 그 비전은 초월적 중요성을 지니며 우리의 헌신을 이끌어낸다.

그러므로 빌립보 교인들이 '복음을 위한 일에 참여'하는 것, 즉 '복음 안에서 교제'하는 것 때문에 기쁨으로 감사할 때, 바울은 그리스도 안에 있는 이 형제자매들이 회심한 순간부터(바울은 '첫날부터 이제까지'라고 쓴다) 소매를 걷어붙이고 복음 전파에 참여한 것에 대해 하나님께 감사하는 것이다. 그들은 빌립보에서 계속 복음을 증거했으며, 바울을 위한 기도를 멈추지 않았고, 그의 사역을 재정으로도 후원했다. 이 모든 것이 그들이 복음의 중요성과 우선성이라는 비전을 공유하고 있음을 증명한다. 이는 하나님께 아무리 감사해도 지나치지 않은 것이다.

바울이 빌립보 교인들로 인해 하나님께 감사하는 셋째 근거는 다름 아닌 그들의 삶 속에서 계속되는 하나님의 역사다. 3절에서 "나의 하나님께 감사하며"라고 시작한 바울은, 이제 6절에서 "너희 안에서 착한 일을 시작하신 이가 그리스도 예수의 날까지 이루실 줄을 우리는 확신하노라"라고 덧붙인다. 이는 진실한 그리스도인이 무엇인지에 대한 정의라 할 수 있다.

신약성경에는 겉으로만 그럴싸하게 신앙고백을 한 사람들에 대한 예가 많다. 인내하지 않고 참아내지 않음으로써, 그들의 신앙은 적나라하게 드러난다. 예를 들어, 요한복음 2장 마지막에 많은 사람이 예수님이 행하시는 이적들을 보고 그분의 이름을 믿었지만, 우리는 "예수는 그의 몸을 그들에게 의탁하지 아니하셨으니 이는 친히 모든 사람을 아심이요"(요 2:24)라는 말을 듣는다. 예수님은 그들의 믿음이 진짜가 아님을 아셨다. 몇 장 뒤에서, 믿음을 고백한 사람들에게 예수님이 선언하신다. "너희가 내 말에 거하면 참으로 내 제자가 되고"(요 8:31). 즉, 히브리서 3장 14절에서 말하는 것처럼 "우리가 시작할 때에 확신한 것을 끝까지 견고히 잡고 있으면 그리스도와 함께 참여한 자가 되리라." 씨 뿌리는 자의 비유에서 예수님은 "말씀을 들을 때에 즉시 기쁨으로 받으나 그 속에 뿌리가 없어 잠깐 견디다가 말씀으로 인하여 환난이나 박해가 일어나는 때에는 곧 넘어지는 자"(막 4:16-17)에 대해 묘사하신다. 그들은 말씀을 재빠르게 받는다. 그러나 재빠르게 넘어진다. 이 경우 열매를 가장 확실하게 맺을 것처럼 보이는 사람들이 변하기 쉽다는 것을 보여 준다. 그들은 생명의 징후를 보여 줌으로써 시작한다. 그러나 결코 어떤 열매도 맺지 못한다.

  빌립보 교인들은 그렇지 않았다. 바울은 그들이 견뎌낼 것이라 확신한다. 그 이유는 하나님이 그들을 지키시기 때문이다. 바울은 빌립보 교인들을 지켜보면서, 하나님이 진실로 그들 안에서 '착한 일'을 시작하셨고(그들의 회심은 그럴 듯한 가짜가 아니었다) 착한 일을 시작하신 하나님이 그것을 이루실 것을 전적으로 신뢰했기 때문에 하나님께 감사한다.

여기서 잠깐, 바울이 기계적이거나 단순히 의례적인 자세로 감사하는 것이 아니라는 점을 묵상해 볼 필요가 있다. 4절을 보라. "간구할 때마다 너희 무리를 위하여 **기쁨으로** 항상 간구함은." 바울의 이 말은 요한이 세 번째 서신에서 한 말을 생각나게 한다. "내가 내 자녀들이 진리 안에서 행한다 함을 듣는 것보다 더 기쁜 일이 없도다"(요삼 1:4). 바울의 그러한 자세는 무엇이 우리에게 가장 큰 기쁨을 가져다주는지 암시적으로 묻는다. 개인적인 성공인가? 자녀를 위한 어떤 승리인가? 물질적인 것을 얻는 것인가?

요한은 이렇게 기록했다. "내가 내 자녀들이 진리 안에서 행한다 함을 듣는 것보다 **더 기쁜 일이 없도다.**" 바울은 이와 동일한 태도를 보이며 덧붙인다. "내가 너희 무리를 위하여 이와 같이 생각하는 것이 마땅하니 이는 너희가 내 마음에 있음이며"(빌 1:7). 이것이 특별히 '열정'과 관련된 것이라면, 삶 전체를 헌신하는 것을 삼가는 스토아적 영향력에 반대하여 쓴 것이다. 냉정을 유지하라. 약함을 보이지 말라. 상처 입지 말라. 그것은 바울의 방식이 아니었다. "내가 너희 무리를 위하여 이와 같이 생각하는 것이 마땅하니." 바울은 당대의 문화가 뭐라고 말하든 상관없었다. "이는 너희가 내 마음에 있음이며." 바울의 삶과 생각은 빌립보 교인들과 떼려야 뗄 수가 없다.

어떠한 상황에 처하더라도 빌립보 교인들로 인한 바울의 기쁨과 그들을 향한 바울의 기도는 변함이 없을 것이다. "내가 사슬에 매여 있든지 아니든지, 또는 내가 복음을 변호하고 확정하든지 못하든지"(1:7, NIV), 여전히 동일한 자세를 취할 것이라고 바울은 주장한다. 이 구절은 두 가지 방식 중 하나로 번역할 수 있다. (1) "내가 사슬에 매여 있든지 아니면 법정에 서 있든지" 또는 (2) "내가 사슬에 매여 있든지 아니면 다시 석방되어 복음을 변호하고 설명하든지." 어떤 식으로 번역하든, 바울은 기뻐하며 "너희가 다 나와 함께 은혜에 참여한 자가 됨이라"(1:7)고 그들에게 상기시킨다.

바울은 빌립보 교인들을 향한 자신의 헌신을 그들이 깨닫기를 강렬히 원하여 이렇게 맹세한다. "내가 예수 그리스도의 심장으로 너희 무리를 얼마나 사모하는지 하나님이 내 증인이시니라"(1:8). 자신이 거짓말을 할 수도 있기 때문에 하는 맹세가 아니다. 오히려 바울은 그렇게 맹세함으로써 빌립보 교인들이 자신의 진실성을 느끼기를 바란다. 이는 하나님이 히브리서에서 맹세하시는 것과 동일한 방식이다. 맹세하지 않으면 하나님이 거짓말을 하실 수 있기 때문이 아니다. 우리가 믿기를 바라기 때문에 맹세하신다(히 7:20-25). 그래서 바울도 "내가 예수 그리스도의 심장으로 너희 무리를 얼마나 사모하는지 하나님이 내 증인이시니라" 하고 말하는 것이다.

바울이 빌립보 교인들을 사랑한다고 말하는 것은 단순히 직업 정신에서 우러난 것이 아니다. 그들을 자기편으로 만들려는 쇼맨십 같은 행동도 아니다. 오히려 바울이 자신의 논의에서 반복적으로 하는 말이다. 예를 들어, 4장에 다시 나타난다. "그러므로 나의 사랑하고 사모하는 형제들, 나의 기쁨이요 면류관인 사랑하는 자들아 이와 같이 주 안에 서라"(4:1).

그렇다면 바울과 빌립보 교인들의 예에서 우리는 이 첫째 요점을 배워야 한다. 우리는 다른 신자들과의 관계에서 복음의 교제, 복음 안에서의 동역을 중심에 두어야 한다. 그것이 바로 빌립보서를 시작하는 절들이 강조하는 점이다. 바울은 경기장에서 함께 경기를 관전하며 보냈던 좋은 시간에 대해 말하지 않는다. 물론 틀림없이 함께 좋은 시간을 보냈겠지만, 바울은 문학 토론 모임이나 함께 나눴던 훌륭한 식사에 대해 언급하지 않는다. 의심할 여지없이 식사와 토론을 포함하겠지만, **바울과 그들을 하나로 묶는 중심에는 바로 복음을 향한 열정, 복음 안에서의 교제가 자리하고 있다.**

우리를 하나로 묶는 것은 무엇인가? 우리는 예배를 마친 뒤에 모여서 무엇을 얘기하는가? 단지 예의상 하는 말들인가? 날씨, 스포츠, 직장이나 아이들 교육 얘기인가? 살면서 겪는 고통과 수고인가?

물론 그리스도인들의 대화에서 이런 주제들을 배제할 수는 없다. 삶의 문제들을 나누다 보면 결국 이런 주제들이 거론될 것이다. 그러나 그리스도인으로서 우리를 하나로 묶는 것은 복음을 향한 열정, 복음 안에서의 교제다. 겉으로 보기에도 남자와 여자, 젊은이와 늙은이, 육체 노동자와 정신 노동자, 건강한 사람과 아픈 사람, 날씬한 사람과 뚱뚱한 사람, 인종, 소득, 교육 수준의 차이 그리고 성격 차이 등 교회를 구성하는 수많은 사람들의 엄청난 다양성을 하나로 묶는 데는 이보다 강한 것이 없다. 무엇이 우리를 하나 되게 하는가? 그것은 복음이다. 예수님 안에서 하나님이 친히 그분과 우리를 화목하게 만들어 주셨다는 좋은 소식이다. 이는 우리가 다른 신자들과 공유하는 소중한 하나님 중심성을 불러일으킨다.

이는 우리가 대화할 때 복음 안에서 다음과 같은 것들을 자주 나누어야 함을 의미한다. 하나님 안에서 기뻐하기, 하나님의 말씀에서 배운 것을 나누기, (최소한 우리가 복음을 증거한 사람들의 삶 속에) 복음의 진보가 있기를 함께 기도하기, 순종과 성숙한 제자도 안에서 서로 격려하기, 다른 사람의 짐을 서로 나눠 지기, 그리스도를 위해 서로에게 베푸는 자기희생적인 사랑 안에서 자라가기.

즉, 우리는 복음을 최우선에 두어야 한다. 그리고 그것은 우리가 복음의 교제를 다른 신자들과의 관계에서 가장 중심에 두어야 한다는 것을 의미한다.

복음을 기도 생활의 최우선에 두라 1:9-11

4절에서 이미 바울은 빌립보 교인들을 위해 기쁨과 감사로 기도하고 있다고 고백했다. 이제 바울은 그들을 위한 기도 내용을 설명한다. "내가 기도하노라 너희 사랑을 지식과 모든 총명으로 점점 더 풍성하게 하사 너희로 지극히 선한 것을 분별하며 또 진실하여 허물없이 그리스도의 날까지 이르고 예수 그리스도로 말미암아 의의 열매가 가득하여 하나님의 영광과 찬송이 되기를 원하노라"(1:9-11).

굉장히 감동적이다. 바울의 간구는 복음의 우선순위를 반영한다. 이 기도의 세 가지 특징을 관찰해 보라.

첫째, 바울은 빌립보 교인들의 사랑이 '더 풍성하게' 되기를 기도한다. 바울은 구체적인 대상을 적시하지 않는다. 그는 "하나님을 향한 너희 사랑이 더 풍성하게 하사" 또는 "서로를 향한 너희 사랑이 더 풍성하게 하사"라고 말하지 않는다. 추측컨대 기도의 대상이 그 두 가지 중 어느 하나로 제한되기를 원치 않았기에, 바울이 목적어를 구체적으로 명시하지 않은 것이다. 기독교적 관점에서 하나님을 향한 사랑이 자라나는 것은 다른 신자들을 향한 사랑으로 드러나야 한다(요일 5:1을 보라). 빌립보 교회의 회중이 아무리 훌륭하다 해도, 심지어 바울 자신을 향한 사랑이 아무리 신실하다 해도, 바울은 그들의 사랑이 점점 더 풍성해지기를 기도한다.

둘째, 바울이 생각하는 것은 단순한 감상주의나 대규모 집회 등에서 갑자기 느끼는 희열감이 아니다. 바울은 이렇게 기록한다. "내가 기도하노라 너희 사랑을 지식과 모든 총명으로 점점 더 풍성하게 하사." 바울이 염두에 두고 있는 사랑은 지식이 더욱 풍성해지는 사랑이다. 물론 바울이 여기서 특정한 종류의 지식을 말하는 것은 아니다. 그들이 핵물리학이나 바다거북에 대해 더 많이 알기를 원하는 것이 아니다. 바울이 말하는 지식은 하나님을 아는 지식이다. 바울은 빌립보 교인들이 하나님의 말씀과 도에 대한 통찰, 그리고 그 빛 가운데서 어떻게 살 것인가에 대한 깨달음을 누리기 원한다.

분명 바울은 **쓴뿌리나 자기중심적인 죄에 빠져 있다면 하나님을 아는 지식에서 자랄 수 없다**고 전제한다. **하나님을 아는 것에는 윤리적 요소가 있다.** 물론, 성경을 암송하거나 주일학교에서 가르치거나 신학교에서 학위를 받을 수도 있지만, 그것이 반드시 하나님을 아는 지식에서 자라는 것과 하나님의 도에 대한 통찰을 얻는 것을 의미하지는 않는다. 하나님을 아는 지식이 자라기 위해서는 회개가 필요하다. 이는 자신에게 초점을 덜 둘 것을 요구한다. 긍정적으로 표현하자면, 하나님과 다른 사람들을 향한 사랑이 더 늘어나기를 요구한다.

하나님과 그분의 말씀을 아는 지식이 그리스도인의 사랑을 장려하듯, 사랑은 하나님을 아는 지식이 깊어지는 데 필수적이다. 그 이유는 하나님의 도를 실천하는 데 한 가지 측면에서만 발전하는 것이 지극히 어렵기 때문이다. 그리스도인들은 "기도 생활은 향상시키겠지만, 도덕성은 발전시키지 않을 거야", "하나님에 대한 순종보다는 그분을 아는 지식을 늘려갈 거야",

"이웃을 위한 사랑이라는 측면에서는 성장하겠지만, 순결함이나 하나님을 아는 지식이라는 측면에서는 자라지 않을 거야"라고 말할 수 없다. 그것은 불가능하다. 그리스도인의 삶은 인간 실존의 모든 면을 포괄한다. 우리의 행동과 삶, 언어 그리고 생각까지, 모든 것이 하나님과 그분의 아들 우리 구주 그리스도께 기쁘게 드리는 순종에서 비롯돼야 한다. 그러므로 바울은 빌립보 교인들의 사랑이 "점점 더 풍성하게 하사"라고 기도하면서 "지식과 모든 총명으로"라고 덧붙인다.

셋째, 이 기도에는 바울이 품은 더 큰 목적이 있다. 바울은 하나님께 그러한 간구를 올리는 목적에 대해 이렇게 말한다. "너희로 지극히 선한 것을 분별하며 또 진실하여 허물없이 그리스도의 날까지 이르고." 분명 바울은 빌립보 교인들이 평범한 수준에서 만족하는 것을 원하지 않는다. 바울은 타락한 세상에서 현상 유지에 만족할 수 없다.

바울은 빌립보 교인들이 더 나아가 자신들의 체험 속에서 "지극히 선한 것"을 점점 더 잘 분별하고 입증할 수 있기를 원한다. 바울은 그들이 하나님을 아는 지식에서, 다른 신자들과의 관계에서 그리고 기쁘게 드리는 순종에서 지극히 선한 것을 추구하기를 원한다. 바울이 그들에게 궁극적으로 원하는 것이 완전함 이기 때문이다. 바울은 빌립보 교인들이 "진실하여 허물없이 그리스도의 날까지 이르"기를 기도한다.

바울이 볼 때, 이는 우상을 숭배하는 기도가 아니다. 물론,

어떤 사람들에게는 그럴 가능성이 분명 있다. 완벽주의자에게 최소한 자신이 뛰어날 수 있는 어떤 영역에서 완벽에 대한 추구는 일종의 집착 또는 심지어 커다란 우상숭배가 되기도 한다.

그러나 바울의 경우는 이와 다르다. 바울이 자신이나 다른 사람들을 위해 기도하는 탁월성은 11절에 더 자세히 정의되어 있다. "예수 그리스도로 말미암아 의의 열매가 가득하여 하나님의 영광과 찬송이 되기를 원하노라." 게다가 이 가운데 그 무엇도 그저 우리의 명성을 높이는 데 사용할 수 있도록 허락되지는 않을 것이다. 애석하게도 어떤 사람들은 거룩함과 탁월함 그 자체보다 그것이 주는 명성에 더 관심을 기울인다. 그러나 그러한 하찮은 대체물들은 전부 바울의 마지막 명령에 휩쓸려가 버린다. 바울은 "하나님의 영광과 찬송"을 위해 기도한다 (1:11).

이것이 바로 바울이 기도하는 목적이다. 조금만 생각해 보면 이 모든 간구가 복음 중심적이라는 사실을 깨닫게 된다. 즉, 빌립보 교인들의 삶 속에 복음의 역사를 진전시키기 위해 드리는 복음 기도다. 그리고 **그들의 삶 속에서 복음의 열매를 요구함으로써, 그들을 구속하신 하나님께 영광을 돌리는 것이 바울이 드리는 간구의 궁극적인 목적이다.**

우리의 기도에는 그러한 간구가 얼마나 있는가?

당신이 다니는 교회에서 그리스도 안에 있는 형제자매들이 지식과 모든 총명으로 사랑이 점점 더 풍성하게 되어, 그들 자신의 경험 가운데서 지극히 선한 것을 분별하고 입증함으로써, 의의 열매가 가득하여 하나님의 영광과 찬송이 되게 해 달라고 마지막으로 기도한 때가 언제였는가?

다행스럽게도 어떤 이들은 그런 기도를 하고 있다. 당신은 무엇을 위해 기도하고 있는가? 우리 가운데 다수는 개인 기도를 하든 공중 기도를 하든 기도의 대부분이 주택담보대출금, 일신의 안전, 건강, 자신이나 다른 이들의 취업 문제 등 복음의 관심사와 동떨어진 사적인 문제뿐이다.

물론 그러한 기도 제목들과 우리의 다른 수많은 관심사들도 합당한 기도 제목이다. 어쨌든 우리가 섬기는 하나님은 우리를 돌보시기에 우리의 모든 염려를 다 맡기라고 초대하시지 않는가?(벧전 5:7).

그러나 우리가 믿는 복음의 초점은 어디에 있는가? 바울 서신 전체를 쭉 읽으며 그의 기도를 따라해 보라. 그가 무엇을 구하는지 스스로 질문해 보라. 그의 간구하는 것 대부분이 얼마나 일관되게 복음과 관련되어 있는지 관찰해 보라. 간구하는 것들이 대부분 복음과 관련되어 있지 않다면, 과연 우리가 성경에 충실하다고 할 수 있을까?

복음을 최우선시하라. 그리고 이 말은 당신이 기도 생활 가운데 복음을 최우선에 두어야 함을 의미한다.

복음의 진보를
열망의 중심에 놓으라 1:12-17, 18b

바울이 펼치는 논지의 흐름은 놀랍다.

분명 바울을 비판하는 사람들 가운데 일부는 바울이 순순히 체포되어 자기편 사람들의 기대를 저버렸다고 생각했다. 로마 감옥에서 빌립보서를 썼을 확률이 높은데, 그렇다면 바울은 지금 황제 앞에서의 재판을 기다리고 있는 것이다. 게다가 바울 스스로 황제에게 호소했기 때문에 그런 상황에 놓인 것이다(행 26장). 누구든 바울을 비판하는 사람들의 추론을 쉽게 상상할 수 있을 것이다. 이 사건이 어떻게 해결되느냐에 따라, 바울이 황제에게 호소한 것은 기독교에 좋지 않은 평판을 가져올 수도 있다. 좀 더 현명하고 냉철한 사람이라면 주의를 기울였을 법한데, 바울은 계속 앞뒤 가리지 않고 저돌적으로 돌진한다. 왜 그는 예루살렘으로 가야 했고, 결국 체포되어야만 했을까? 바울은 자신이 그곳에서 얼마나 경멸을 당할지 알고 있었다. 틀림없이 더 나은 방법이 있었을 것이다.

그러나 바울은 일말의 후회도 없다. "형제들아 내가 당한 일이 도리어 복음 전파에 진전이 된 줄을 너희가 알기를 원하노라"(1:12). 바울이 걱정하는 것은 자신의 안락이 아니라 복음의 진보였다. 바울은 자신의 판단에 대해 두 가지 근거를 제시한다.

첫째, 바울이 로마에서 체포당해 투옥됐다는 것은, 바울이 그리스도를 위해 체포됐다는 사실을 모든 근위병이 알게 됨을 의미했다. "이러므로 나의 매임이 그리스도 안에서 모든 시위대 안과 그 밖의 모든 사람에게 나타났으니"(1:13). 로마 근위대가 총집결했을 때 약 9천 명 정도의 규모였기 때문에 그들이 모두 바울을 교대로 감시하면서 바울에게 직접 복음을 들을 수는 없었을 것이라고 많은 주석가들은 이의를 제기한다. 확실히 이는 과장이었거나 작은 규모의 파견대를 가리키는 말이었을 것이다. 그러나 바울이 언급한 '모든 시위대'에 대해서는 더 간단한 설명이 가능하다. 바울은 평범한 죄수가 아니었고, 그의 증언도 매우 효과적이고 설득력이 있어서 바울에 관한 이야기는 삽시간에 퍼져나갔다. 모든 근위병이 교대로 바울을 지키면서 바울이 하는 말을 직접 들었다는 말이 아니다. 물론 바울의 감시를 맡은 병사들은 모두 의심의 여지없이 복음에 대해 그리고 어쩌면 바울의 증거를 들었을 것이다. 바울은 철면피한 범죄자도, 입발림 소리만 하는 '화이트칼라' 사기꾼도 아니었다. 바울은 자신의 무죄를 항변하거나 가이사 법정에서 자신을 과시할 기회를 엿보는 대신, 예수라 불리는 유대인에 대해 얘기하는 데 모든 시간을 할애했다. 예수는 지중해 동쪽 끝 골고다에서 십자가에 못박혔고, (바울의 말이 맞다면) 어찌 된 일인지 죽은 자들 가운데서 부활했다. 그리고 바울에 따르면, 이 예수가 마지막 날에 우리의 심판자가 되실 뿐만 아니라, 어떤 사람이 하나님께 받아들여질 수 있는 유일한 희망은 바로 이 예수를 믿음으로써만 가능하다. 곧 바울은 아주 특이한 죄수로 알려져서, 그에 대한 이야기가 왕궁 주변에 회자되기 시작했다. 그리고 바울에 대한 이야기뿐만 아니라 그가 전한 복음이 함께 퍼진 것이다. 그래서 바울은 그것이 놀라운 일이라고 주장한다. 자신이 매임 당한 것으로 인해 복음 전파에 진전이 있었다는 것이다.

바울이 자신의 투옥이 복음의 진보를 가져왔다고 주장하는 둘째 이유가 있다. "형제 중 다수가 나의 매임으로 말미암아 주 안에서 신뢰함으로 겁 없이 하나님의 말씀을 더욱 담대히 전하게 되었느니라"(1:14). **박해는 때로 박해가 없었다면 소심하게 남아 있을 그리스도인들에게 근성을 심어준다.** 좀 나이가 든 독자 중에는 1950년대에 아우카 인디언들(Auca Indians)에게 복음을 전하려다 목숨을 잃은 다섯 명의 휘튼 대학 졸업생들을 기억할 것이다. 그 사건은 뜻밖에도 놀라운 결과를 불러일으켰고, 이후 10-20년 동안 굉장히 많은 휘튼 졸업생들이 매년 선교사역에 헌신했다. '아우카 5인'의 순교 때문에 많은 사람이 '겁 없이 하나님의 말씀을 전하게' 된 것이다.

그럼에도 바울은 현실주의자다. 그는 자신의 투옥으로 인해 생긴 결과가 모든 면에서 좋았던 것은 아님을 정확히 직시한다. 그는 이렇게 기록한다. "어떤 이들은 투기와 분쟁으로 어떤 이들은 착한 뜻으로 그리스도를 전파하나니 이들은 내가 복음을 변증하기 위하여 세우심을 받은 줄 알고 사랑으로 하나 그들은 나의 매임에 괴로움을 더하게 할 줄로 생각하여 순수하지 못하게 다툼으로 그리스도를 전파하느니라 그러면 무엇이냐 겉치레로 하나 참으로 하나 무슨 방도로 하든지 전파되는 것은 그리스도니 이로써 나는 기뻐하고 또한 기뻐하리라"(1:15-18).

'그리스도를 전파'하면서도 깜짝 놀랄 만한 동기로 전파하는 이 기이한 사람들은 누구인가? 그들이 이단은 아니라는 사실을 인식하는 것이 중요하다. 즉, 그들은 전혀 복음이 아닌 '새로운 그리스도'나 '새로운 복음'을 전한 것이 아니다. 사도의 복음이 아닌 다른 '복음'을 전파하는 사람들에게는 '저주'(anathema)가 있을 것이다. 우리는 "저주를 받을지어다"라고 말할 것이다(갈 1:8-9을 보라). 그러한 유형의 다원주의는 매우 심각한 주제여서 함부로 다룰 수 없다. '다른 예수'를 전하는 사람은 '거짓 사도'다. 교회는 그들에게서 귀를 닫아야 한다(고후 11:4, 13-15). 따라서 바울은 어느 정도 경건함을 보이면서 소위 '예수'를 전한다는 전도자를 무조건 추천하지는 않는다. 바울은 그들이 어떤 예수를 전파하는지 알고 싶어 한다. 그들이 제시하는 예수가 몰몬 예수인지, 여호와의 증인 예수인지, 자연주의 혹은 자유주의 예수인지, 아니면 건강과 부를 약속하는 기복주의 예수인지, 우리는 끊임없이 질문해야 한다. 그것은 성경적인 예수인가라는 물음이다.

그러므로 바울이 이 전도자들을 에둘러 칭찬한다는 사실은 그들이 이단이나 위험한 거짓 선생들이 아님을 보여준다. 그랬다면 바울은 그들의 정체를 드러냈을 것이다. 바울이 여기서 언급하는 전도자들은 그와 다른 부류다. 그들은 참된 복음을 제시하면서도 때로 불순한 동기로 전파한다. 이 경우, 바울이 말하는 사람들은 12절을 배경으로 이해해야 한다. 그들은 바울이 체포됨으로써 복음에 해를 끼쳤다고 생각한다. 바울을 깎아내림으로써 자신들의 사역을 돋보이게 하려는 것일지도 모른다. 우리는 그들의 다소 거만한 생각을 읽을 수 있다. "바울 같은 대단한 사람이 그렇게 융통성이 없어서 복음 전파의 기회를 낭비해 버린다는 것은 정말로 애석한 일이다. 어쨌든 나와 다른 많은 사람은 체포되지 않았기에 이렇게 복음을 전파할 수 있지 않은가. 바울은 스스로 곤경에 처할 수밖에 없는 고질적인 성격 결함을 가지고 있을 것이다. 나의 사역은 축복을 받은 반면에, 그는 지금 감옥에서 썩고 있다." 그러므로 그들이 말을 하면 할수록, 그들의 방법은 더 정당화되고 바울은 더 바보처럼 보이게 된다.

바울은 이에 어떻게 대처하는가? 그는 상처를 받았는가?

의심의 여지없이, 바울도 다른 사람들과 똑같이 느꼈을 것이다. 그러나 바울은 원칙을 따르는 사람이다. 바울은 그와 같은 전도자들에 의해서든, 자신을 추종하는 전도자들에 의해서든, 결국 복음이 전파된다는 사실을 인식한다. 그리고 그 사실은 바울 자신이 교회에서 모든 사람에게 존경을 받느냐 못 받느냐하는 문제보다 훨씬 더 중요하다. 그러므로 그는 "그러면 무엇이나 겉치레로 하나 참으로 하나 무슨 방도로 하든지 전파되는 것은 그리스도니"(1:18a)라고 말할 수 있을 뿐만 아니라 "이로써 나는 기뻐하고 또한 기뻐하리라"(1:18b)라고 덧붙여 고백할 수 있다.

바울의 본보기는 인상적이고 분명하다. **복음의 진보가 자신의 열망 한가운데 있게 하라. 자신의 안위, 상처 받은 감정, 자신에 대한 평판, 자신의 동기에 대한 사람들의 오해 이 모든 것은 복음의 진보, 영광과 비교할 때 전혀 중요하지 않다.** 그리스도인으로서 우리는 복음의 진보를 우리 열망의 중심에 놓으라는 부르심을 받았다.

당신의 열망은 무엇인가? 돈을 버는 것인가? 결혼하는 것인가? 여행하는 것인가? 손자손녀들이 자라는 모습을 보는 것인가? 새로운 직장을 구하는 것인가? 조기 은퇴하는 것인가?

그 모든 열망 가운데 용인할 수 없는 것은 하나도 없다. 그 어느 것도 멸시해서는 안 된다. 문제는 그러한 열망들이 너무나 강렬한 나머지 그리스도인의 핵심적 열망이 주변부로 밀려나거나 잠식당해 완전히 자취를 감추지는 않는가 하는 것이다.

몇 년 전, 나는 "무슨 일을 하십니까?"라는 직업에 관한 질문에 항상 똑같은 대답을 한 그리스도인을 기억한다.

그는 변함없이 대답했다. "저는 그리스도인입니다."

"아 네. 그런데 종교를 물은 게 아니라 하시는 일이 무엇인지 물었는데요."

"저는 그리스도인입니다."

"전임 사역자라는 말씀인가요?"

"아니오, 저는 전임 사역자는 아니지만 전임 그리스도인입니다."

"그러면 직업적으로는 무슨 일을 하십니까?"

"아, 직업적으로요. 네, 저는 전임 그리스도인이지만 생활비를 벌기 위해 돼지고기를 포장하는 일을 합니다."

물론 어떤 차원에서 보면, 그의 한결같은 대답은 약간 왜곡된 의미를 담고 있다. 게다가 하나님이 창조하신 우주에서 도덕적으로 선하고 유용한 모든 일은 존경받을 만하며, 결코 하찮은 것으로 여겨져서는 안 된다. 돼지고기를 포장하는 일이든, 컴퓨터 프로그래밍을 하는 일이든, 파이를 굽는 일이든, 아기 기저귀를 갈아주는 일이든 그 무엇이든 간에, 자신의 일을 하나님께 올려 드려야 한다.

우리는 하나님의 것이다. 따라서 직업을 포함해 우리가 하는 모든 말과 행동을 하나님의 영광과 그분의 백성의 유익을 위해 올려 드려야 한다. 물론 그러한 사실을 강조하긴 했지만, 우리가 하는 일 가운데 어떤 요소들은 다른 것들보다 좀더 직접적으로 복음과 연결돼 있다.

우리가 행하는 어떤 일들, 그것도 오직 몇 가지 일들만이 직접적으로 영원한 의미를 가지고 있다.[1] 사도 바울은 자신이 드리는 기도에서 복음의 우선성을 지키듯, 자신의 열망에서도 복음의 우선성을 지키고 있다. 우리도 그래야 한다.

오늘날 서구 복음주의권 내 대다수 그리스도인에게서 주변 문제에만 초점을 두는 염려스러운 경향이 나타난다. 내가 일하는 트리니티 복음주의 신학교(Trinity Evangelical Divinity School) 선교학과에 한 동료 교수가 있는데, 그가 자신의 가문(heritage)을 분석한 결과가 우리에게 유익을 준다. 폴 히버트(Paul Hiebert) 박사는 미국에서 교수로 임용되기 전에 인도에서 수년 동안 사역했다. 그는 메노나이트(Mennonite) 출신으로, 매우 단순하면서도 유용한 방식으로 자신의 가문을 분석한다. 한 세대의 메노나이트 신자들은 복음을 믿었다. 또한 복음에 수반된 어떤 사회적, 경제적 그리고 정치적 요소까지도 인정했다. 그 다음 세대가 복음을 맡았지만 그들은 복음을 그에 수반된 다른 요소들과 동일시했다. 그리고 그들의 다음 세대는 복음을 부인했다. 그들에게는 복음에 수반된 다른 요소들이 더 중요할 뿐이었다.

복음주의에도 이러한 구조를 상정해 본다면, 복음주의 운동의 대부분이 현재 둘째 단계에 머물러 있고, 그중 일부는 셋째 단계를 향해 표류하고 있다고 생각할 수 있다.

우리가 서로에게 던져야 할 질문은 바로 이것이다. 기독교 신앙에서 당신을 신명나게 만드는 것이 과연 무엇인가? 당신이 가장 많은 시간을 할애하는 것은 무엇인가? 당신을 북돋아 주는 것은 무엇인가?

오늘날 신앙을 고백하는 그리스도인 가운데는 무수히 많은 하위 집단이 있다. 그들은 다음과 같은 문제 중 한두 가지에 엄청난 시간과 에너지를 쏟아 붓는다. 낙태, 홈스쿨링, 특정 성경 번역본의 옹호, 음란물 문제, 여성 안수를 찬성하거나 반대하는 문제, 경제적 불공정, 특정 예배 방식 등 그 외에도 끝이 없다. 목록은 나라마다 다양하다. 그러나 적지 않은 나라들이 긴급하지만 주변적인 현안들로 꽉 찬 의제를 가지고 있다. 나는 그런 문제들에 대해 생각하거나 지지를 보내서는 안 된다고 말하는 것이 아니다. 다만 그런 문제들이 우리 시간과 열정의 대부분을 삼켜 버린다면, 우리는 스스로에게 질문해야 한다. 나는 복음의 중심성을 어떤 식으로 고백하고 있는가?

이는 껍질만 남은 복음, 단순히 개인화된 복음 또는 사회적으로 아무런 영향을 미치지 못하는 복음에 대한 에두른 하소연이 아니다. 우리는 지혜롭게도 하웰 해리스(Howell Harris), 조지 휫필드(George Whitefield), 웨슬리(Wesley) 형제 같은 사람들의 복음적 각성과 엄청난 시역에 대한 이야기를 읽고 또 읽는다. 우리는 그들이 회심시킨 사람들이 하나님의 인도하심 아래서 어떻게 노예 제도를 폐지하고, 형법을 개정하고, 상업 조합을 시작하고, 어린이들을 광산 노역에서 해방시켰는지를 분명히 알고 있다. 온전히 회심한 사람들이 하나님 아래서 그리고 그분을 기쁘시게 하는 방식으로 살아야 한다는 것을 깨달았기 때문에 사회의 모든 것이 변화되었다. 그러나 거의 예외 없이 이 사람들은 복음을 최우선시했다. 그들은 복음의 사람들이었다. 그들은 복음 안에서 한껏 즐거워했으며 복음을 전했고, 그리스도와 복음이 중심인 성경 읽기와 강해를 소중히 여겼다. 그리고 그것을 기반으로 더 폭넓은 사회적 의제로 나아갔다. 즉, 그들은 복음을 자신의 열망의 마지막이 아닌 최우선에 놓았다. 이 우선순위를 알지 못한다면, 이는 복음을 부인하는 세대에서 그리 멀지 않은 곳에 있음을 의미한다.

하나님이 당신을 전업 주부, 기술자, 화학자 또는 단순 노동자로 부르셨을지도 모른다. 혹은 새롭게 부상하는 분야인 생명 윤리학에서 상당히 중요한 역할을 감당하게 하실 수도 있다. 하지만 각각의 경우, 당신이 해야 할 일을 어떻게 수행할지에 복음이 직접적으로 영향을 미칠지라도, 그중 어떤 것도 모든 그리스도인의 중심이 돼야 할 복음을 대신할 수는 없다.

당신은 복음을 자신의 열망 가운데 첫째 자리에 놓아야 한다. 그러면 고통과 박해, 심지어 다른 그리스도인의 오해와 거짓 주장도 견딜 수 있을 것이다. 바울처럼 "내가 당한 일이 도리어 복음 전파에 진전이 된 줄을 너희가 알기를 원하노라"라고 고백할 것이다(1:12).

이것이 바로 바울의 셋째 요점이다. 복음의 진보를 열망의 중심에 놓으라.

자기를 부인하고
회심자들을 최우선시하라 1:18a, 19-26

또 한번 우리에게 큰 충격을 주는 것은 바울의 사고 흐름이다. 바울은 그리스도가 전파된다면 자신도 기뻐할 것이라고 선언했다(1:18b). 그것이 기쁜 일이긴 하지만, 그것만이 바울이 느끼는 기쁨의 유일한 근원은 아니다. 바울은 서둘러 덧붙인다. "그러면 무엇이냐 겉치레로 하나 참으로 하나 무슨 방도로 하든지 전파되는 것은 그리스도니 … 이것이 너희의 간구와 예수 그리스도의 성령의 도우심으로 나를 구원에 이르게 할 줄 아는 고로"(1:18a, 19). 이 문맥에서 '구원'은 감옥에서의 석방을 의미하지 않는다. 그것은 그보다 더 중요한 어떤 것, 즉 살든지 죽든지 궁극적으로 바울이 받게 될 '옳다'는 입증을 의미한다. 이는 빌립보 교인들의 기도를 통해 실현될 것이다. 특별히 그들의 간구와 그 결과 주어지는 "예수 그리스도의 성령의 도우심으로" 신실함을 지킴으로 말미암아 바울은 죽음에 하나님 앞에서 전적으로 옳다고 인정받을 것이다. 바울이 그 무엇보다도 신실함을 인정받기 원하는 것이 20절에 분명하게 제시되어 있다. "나의 간절한 기대와 소망을 따라 아무 일에든지 부끄러워하지 아니하고 지금도 전과 같이 온전히 담대하여 살든지 죽든지 내 몸에서 그리스도가 존귀하게 되게 하려 하나니."

그러므로 바울의 주된 관심사는 자신이 감옥에서 석방되거나 죽더라도 비교적 고통이 없는 죽음을 맞이했으면 하는 것이 아니라, 언젠가 자신이 부끄러워질 일이 없었으면 하는 것이다. 바울은 용기를 원한다. 자신이 "살든지 죽든지"(1:20) 그리스도께서 자기 몸에서 존귀하게 되시기 위해서 말이다. 그는 마지막 날에 "잘 하였도다!" 하는 그리스도의 칭찬을 듣기 원한다. 바울은 그 목적을 향해 나아갈 힘이 생기도록 빌립보에 있는 하나님의 백성에게 공개적으로 기도를 요청한다.

마치 중요한 것에 대한 자신의 비전을 분명하게 설명하고 변호해야 한다고 생각한 사람처럼, 바울은 자신의 가치관을 요약한다. "이는 내게 사는 것이 그리스도니 죽는 것도 유익함이라"(1:21). 이 문맥에서 "사는 것이 그리스도니"라는 말은 분명 바울이 살아가는 힘이 그리스도 중심의 사역, 그리스도께서 힘 주시는 사역, 그리고 그의 사역에 함께하시는 그리스도의 임재임을 의미한다. 죽는 것은 곧 그 사역이 끝나는 것이지만, 그렇게 될지라도 유익할 뿐이다. 이는 사역 그 자체가 목적이 아니며, 그것은 이제 높아지신 그리스도께서 친히 드러내시는 임재 가운데 누리는 영광스러운 즐거움으로 인해 완전히 가려졌기 때문이다.

그와 같은 그리스도인을 어떻게 할 수 있겠는가? 그들을 죽일 것인가? 그들을 그저 침묵하게 만들기에는 그들에게 그리스도가 너무나 큰 의미를 지닌다. 그들에게는 복음이 너무나 중요한 위치를 차지한다. 바울에 대해 말하자면, 이 땅에서 섬기는 것과 세상을 떠나 그리스도와 함께 있는 것, 사는 것과 죽는 것, 감옥에서 석방되어 복음 사역을 위해 더 힘쓰는 것과 궁극적인 대가를 치름으로써 그 결과 높아지신 그리스도의 임재 안으로 들어가는 것 사이에서 선택하는 것은 그의 능력 밖의 일이다. 그럼에도 만약 할 수 있다면, 바울은 어느 쪽을 선택할까? "나는 알지 못하노라"(1:22b). 그는 솔직하게 인정한다. 즉, 무슨 일이 일어날지 그리고 그에 따른 가상의 상황에서 무엇을 선택해야 할지에 대해, 바울은 주님께 아무런 말씀도 받지 못했다. "내가 그 둘 사이에 끼었으니 차라리 세상을 떠나서 그리스도와 함께 있는 것이 훨씬 더 좋은 일이라 그렇게 하고 싶으나 내가 육신으로 있는 것이 너희를 위하여 더 유익하리라"(1:23-24). 이는 바울이 황제의 법정에서 무죄 판결을 받고 석방되어 사도의 직무를 자유롭게 계속하는 것이 빌립보 교인들과 다른 사람들에게 더 유익할 것이라는 의미다.

바울의 평가에서 인상적인 것은, 그 평가가 자신보다 다른 신자들의 안녕과 매우 깊은 관련이 있다는 점이다. 이 점에서도 바울은 자기 주인을 본받는다. "이것을 확실히 아노니"라는 말은 다시 말하자면 "내가 살아서 남아 있게 되는 것이 너희를 위해 가장 좋은 일이 될 것이라고 확신한다", "나는 내가 남아 있게 되리라는 것, 즉 믿음 안에서의 너희의 진보와 기쁨을 위해 내가 계속 너희 모두와 함께 남아 있게 되리라는 것을 안다." 또는 더 나은 번역은 "나는 내가 남아 있을 것이라 기대하고 있고, 또 믿음 안에서의 너희의 진보와 기쁨을 위해 너희와 함께 계속 남아 있게 되리라는 것을 안다."²라는 의미다. 그리고 바울은 자신이 간절히 바라는 빌립보 교인들의 복음의 진보가 그들 자신에게도 기쁨의 원인이 된다고 이해한다. "내가 다시 너희와 같이 있음으로 그리스도 예수 안에서 너희 자랑이 나로 말미암아 풍성하게 하려 함이라"(1:26).

여기서 배워야 할 교훈은 놀랍도록 분명하다. 자기를 부인하고 회심자들을 최우선시하라. 자신에게 곧 일어날 미래에 대해 바울이 품는 가장 깊은 소망은 곧바로 천국 문을 얻는 희열에 달려 있지도, 죽음의 고통을 벗어나 사역을 완수할 수 있게 해 주는 귀환에 달려 있지도 않다. 그것은 오히려 무엇이 자신의 회심자들을 위한 최선인가에 달려 있다. 우리는 종종 자신에게 최선인 것처럼 보이는 것을 선택하려는 유혹을 느낀다. **우리는 얼마나 자주 무엇이 교회를 위한 최선인가를 첫째 원리로 제기하는가?** 다른 도시로 이사를 해야 하는 취업 제안을 받았을 때, 부지런히 중보기도를 해야 하는 치명적인 병에 걸렸을 때, 얼마나 빨리 다음과 같은 기준으로 바울처럼 기도하는가? 무엇이 교회를 위한 최선인가? 무엇이 그리스도 안에 있는 내 형제자매들을 위한 최선인가?

솔직히 말해서 우리 안에는 우상숭배적인 금욕주의가 있다. 어떤 사람들은 자기부인을 통해 일종의 영적 '쾌감'을 얻는다. 그러나 다른 사람들의 영적 유익을 동기로 삼는 자기부인은 무조건 경건하다. 이것이 바로 바울이 보여주는 것이다.

그렇다면 다음 사항들은 바로 이 본문이 주는 도전이다. 복음을 최우선시하라. 특히 다음 경우에.

(1) 다른 신자들과의 관계에서 복음의 교제를 중심에 두라.
(2) 복음을 기도 생활의 최우선에 두라.
(3) 복음의 진보를 열망의 중심에 놓으라.
(4) 자기를 부인하고 회심자들을 최우선시하라.

복음을 최우선시하라.

그리스도 안에 있는 형제자매들이여, 복음의 가치를 그렇게 평가하는 일이 우리 가운데서 예외가 아니라 규칙이 되어야 한다. 우리는 지금 잃어버린 사람들을 영원하신 하나님과 화목하게 하는 복음에 대해 말하고 있다. 우리는 복음에 대한 신앙을 이렇게 고백한다. 하나님이 직접 우리를 당신에게 데려가시기 위해 불의한 자를 대신해 죽은 의로운 자, 즉 구세주를 보내주셨다. 이 복음이 없다면 우리는 이 세상이나 다음 세상에 대한 소망이 없는, 전적으로 파멸된, 잘려 버려진 존재다. 이 좋은 소식을 놓고 과연 그 무엇이 경쟁할 수 있을 것인가? 복음을 최우선시하라.

19세기에 존 페이튼(John G. Paton)이 사우스시 아일랜드(South Sea Islands)에 선교사로 가려고 계획하고 있을 때, 어떤 늙은 그리스도인이 그에게 했던 말이 있다. 페이튼은 "그대는 식인종들에게 잡아먹힐 것이오"라는 경고를 받았다.

페이튼은 이렇게 대답했다. "딕슨 씨, 지금부터 몇 년 뒤에 당신도 무덤에 누울 것입니다. 거기서 벌레들에게 먹히겠지요. 당신에게 고백하건대, 주 예수님을 섬기고 영화롭게 할 수만 있다면 내가 식인종에게 먹히든지 벌레에게 먹히든지 중요하지 않습니다. 내가 부활하는 위대한 날에 내 몸은 당신의 몸과 다를 바 없이 우리의 부활하신 구속자와 같은 모양으로 일어날 것입니다."[3]

복음을 최우선시하라. **"오직 한 번뿐인 인생, 그것은 속히 지나갈 것이다. 그리스도를 위해 행한 것만이 영원할 것이다."**

복음을 최우선시하라.

2장. 예수님의 죽음을
삶의 기준으로 삼으라

빌립보서 1:27-2:18

십자가가 성취한 것은 무엇인가? 어째서 십자가는 신약성경 저자들의 마음속에 그토록 중심적인 위치를 차지하고 있는가?

성경은 그런 질문에 놀랍도록 풍성한 대답을 제공한다. 나는 그중 몇 가지를 간략하게 설명함으로써 이 장을 시작하고 싶다. 우리 앞에 놓인 본문이 제시하는 포괄적인 십자가 신학을 정확하게 탐구하기 전에, 다양한 관점에서 십자가를 생각해 보는 것이 유익할 것이다.

하나님의 관점

하나님은 십자가를 어떻게 보실까?

현대 작가들에게 이 질문을 던진다면, 그 즉시 다양한 분쟁에 휘말리게 된다. 심지어 한 단어의 번역에 대해서도 의견이

분분하다. 아마도 그러한 논쟁 중 하나를 가볍게 추적해 본다면, 무엇이 문제인지 좀더 분명해질 것이다.

요한일서 2장 2절에 따르면, 신자들에게는 하나님의 대언자인 의로우신 예수 그리스도가 계신다. (KJV에 따르면) 그분은 우리 죄를 위한 "유화 제물"이시다. 그것이 무엇을 의미하는가? NIV는 예수님이 우리 죄에 관한 "속죄 제물"(atoning sacrifice)이시라고 선언한다.[1] 여기서 이런 표현의 변화가 가리키는 것이 무엇인가? 하나님이 십자가를 바라보는 관점을 우리가 파악하고자 한다면, 이 문제는 매우 중요하다.

'유화'(propitiation)는 그것을 통해 하나님이 호의를 보이시게 되는 행위다. 수세기 동안 교회는 이 용어를 기쁜 마음으로 사용해 왔다. 십자가는 그것을 통해 하나님이 불쌍한 죄인인 우리에게 호의를 보이시거나 유화하시는 바로 그 장소요, 사건이며, 희생 제사다. 다른 말로 하면, 십자가는 유화의 장소였다. 십자가는 하나님의 진노(anger)를 누그러뜨리고 달래는 수단이었다. 그러나 약 70년 전에 유화에 대해 말하는 것이 인기를 잃어버렸다. 논쟁은 다음과 같은 내용으로 전개되었다.

'유화'라는 말은 이방신을 위한 제물과 관련된 말처럼 들린다. 정령숭배 문화에서, 다양한 영과 신들에게 제물을 바치는 목적은 대개 그들을 달래는 것이다. 폭풍의 신이 화를 내는 것은 누구도 원하지 않는다. 농사가 잘되도록 보장해 주거나, 아내가 건강한 아이를 갖게 해주거나, 정글로 사냥 여행을 떠난

남편이 집에 무사히 돌아오게 해주는 역할을 하는 신, 확실히 우리는 그러한 신을 원한다. 그러므로 당신은 규칙대로 제물을 영들에게 제공하고, 그럼으로써 그들의 호의를 얻으려고 한다. 당신은 유화 행위를 수행하고 있는 것이다. 이 모델에서는 인간이 주체다. 인간이 신들을 달랜다. 신들은 그러한 행위의 객체가 된다.

그러나 "그러한 모델이 만연하다면 어떻게 사람들이 십자가를 유화 행위라고 타당하게 생각할 수 있을까?"라는 주장이 제기되었다. 십자가에서, 인간은 하나님을 달래기 위한 제물을 드리지 않는다. 그것과는 거리가 멀다. 당신의 아들을 보내실 정도로 세상을 사랑하시는 하나님(요 3:16)이 친히 주체가 되신다. 하나님이 행위를 주도하신다. 하나님이 자신의 아들을 제물로 보내신다. 하나님이 제사 행위를 친히 주도하신다면, 어떻게 그 제물이 하나님을 달랠 수 있을 것인가? 그러므로 우리는 십자가를 유화 행위가 아닌 보상(expiation) 행위로 생각해야 한다. 즉, 십자가는 하나님이 호의를 가지시도록 만드는 것과는 아무런 관련도 없다. (하나님은 이 깨어진 세상에 이미 호의를 가지고 계셔서 당신의 사랑하는 아들을 보내 주셨다.) 십자가는 죄를 무효화하는 것과 깊은 관계가 있다.

이러한 주장이 제시되자마자 반대가 제기되었다. 하나님의 진노(wrath)를 말하는 수많은 성경 본문을 놓고 봤을 때, 어떻게 유화라는 개념이 필요 없다고 할 수 있을 것인가? 하나님이 우리 죄 때문에 진노하신다면, 진실로 하나님이 화내신다면, 하나님의 노를 없애는 것이 바로 하나님을 유화시키는 것이다. **즉, 성경이 하나님의 진노에 대해 말하고 있는 한, 우리는 유화라는 개념을 없앨 수 없다. 그 진노 아래 떨어진다는 것은 정말 두려운 일이다.** 그 진노를 옆으로 치워 주는 것이 바로 십자가다. 예수님이 우리가 받아야 할 벌을 대신 받으시고, 우리를 자유롭게 하셨다. 유화는 절대로 무시할 수 없는 것이다.

새로운 관점을 옹호하는 사람들은, 하나님의 진노를 말하는 본문들을 하나님이 세상을 이처럼 사랑하셔서 당신의 아들을 보내셨다고 말하는 본문들과 조화시킬 수 있는 유일한 방법은 하나님의 '진노'를 비인격적인 관점에서 이해하는 것이라고 말한다. 이들이 볼 때, '하나님의 진노'라는 것은 끔찍하고도 필연적인 죄의 결과에 대한 단순한 은유적 표현일 뿐이다. 악한 일을 하면, 그 결과로 나쁜 일들이 일어난다. 그것이 하나님이 우주를 지으신 방법이다. 그런 의미에서, 악한 일의 결과로 일어나는 나쁜 일들은 간접적이기는 하지만 하나님께로 거슬러 올라간다. 그러므로 그들은 하나님이 개인적으로 화내시는 것처럼 생각해서는 안 된다고 주장한다. 하나님이 화를 내신다면, 어떻게 우리가 아직 죄인이었을 때 하나님이 사랑으로 당신의 아들을 보내시는 일이 일어날 수 있었겠느냐는 것이다.

그러나 전통적인 관점을 옹호하는 목소리도 무시할 수는 없다. 유화라는 개념을 없애고자 하는 새로운 관점은 죄와 그에 따른 진노를 충분히 진지하게 고려하지 않는다.

악한 일을 저지른다고해서 항상 비인격적인 심판으로 귀결되지는 않는다. 때때로 사악한 사람들이 끔찍한 죄를 저지르고 아무런 처벌도 받지 않을 뿐 아니라, 심지어 그 죄를 발판으로 번영하기도 한다. 마지막 날 하나님이 친히 회계 장부를 결산하시기 위해 심판하시리라는 사실을 견지하지 않으면, 언제나 정의의 편에서 비인격적인 심판이 내려진다고 생각하는 것은 끔찍하게 순진한 행동이다. 게다가 전통적으로 '유화'로 번역한 단어가 나오는 성경 몇 곳의 문맥은 반복적으로 하나님의 진노를 말하고 있다. 이 연결 고리를 인정한다면, 어떻게 하나님의 진노가 단지 필연적이고 비인격적인 죄의 결과라고 책임 있게 말할 수 있겠는가? 그렇다면 하나님의 사랑 또한 비인격적이며, 선의 불가피한 결과일 뿐이라고 주장할 수 있을 것이다! 하나님에 대한 개념 전체가 성경적 유신론에서 철저하게 비성경적인 이신론으로 옮겨가게 된다.

그렇게 논쟁은 계속된다. 이 실문을 놓고 엄청난 책들이 쏟아져 나왔다. 그러나 그 논쟁 중 일부는 방향을 잘못 잡았다. 성경을 하나로 묶는 진리들 사이에 쐐기를 박으려 시도하기 때문이다. 특히 성경은 하나님이 화내시기도 하고 사랑하시기도 한다고 주장한다. 이 점을 이해하지 못하면, 성경이 유화에 대해 말하는 것을 이해할 수 없다.

성경에서 하나님의 진노는 하나님의 거룩하심의 한 기능이다. **하나님의 진노나 화는 다혈질의 폭발이나 자신의 급한 성격을 다스리지 못한 결과가 아니라, 죄에 대한 공의롭고 원칙 있는 반대다.** 하나님의 거룩하심은 너무나 영광스러워서 다음과 같은 것들이 요구된다. 즉 하나님께 반항하고, 하나님의 위엄을 가볍게 여기고, 하나님의 말씀과 역사를 비웃으며, 자신의 존재는 말할 것도 없고 숨 쉬는 매순간이 하나님의 섭리적 돌보심에 달려있는데도 스스로의 독립을 주장하는 피조물들에게 하나님은 진노하셔야 한다.

만일 하나님이 죄와 반역을 보시고 어깨를 으쓱하며 "별로 신경 쓰지 않겠어. 나는 이 사람들을 용서할 수 있어. 나는 그들이 무엇을 하든 그다지 개의치 않아"라고 말씀하신다면, 이는 실로 하나님께 어떤 도덕적 결함이 있다는 뜻이다. 하나님이 히틀러의 광기에 찬 행위에 별로 신경 쓰시지 않는다면? 우리의 거역에 관심을 두지 않으신다면? 만약 그렇게 행동하신다면, 하나님은 궁극적으로 자신의 위대함을 깎아내리시고, 자신의 영광을 더럽히시며, 자신의 명예를 실추시키시고, 자신의 완전성에 흠을 내시는 것이다.

이것이 바로 성경에서 하나님이 때로 격렬히 화내신다고 묘사하는 이유다. 게다가 우리는 이 주제에서 다음과 같은 일반적인 복음주의적 상투문구를 거부하는 것이 중요하다. "하나님은 죄를 미워하시지만, 죄인은 사랑하신다." 우리가 보기에 이 말에서 후자는 맞을지도 모른다. 그러나 앞서 제시했듯이, 이 대조법(antithesis)은 근본적으로 잘못됐으며 성경은 분명하게 이를 반박한다. 예를 들어, 시편 1편부터 50편까지만 봐도, 하나님이 죄인을 '미워하시고' 거짓말하는 자들을 '증오하신다'라는 표현이 14번이나 나온다.

그러나 하나님에 관한 영광스러운 진리는, 비록 하나님이 우리에게 화를 내시지만, 성품상 그분은 여전히 사랑의 하나님이라는 사실이다. 하나님은 우리의 무질서를 보고 화를 내신다. 그 화 또한 하나님의 거룩하심에 필수적인 기능이지만, 하나님은 분명 사랑의 하나님이시다. 따라서 하나님은 **자신의 영광을 오염되지 않게 보존하실** 죄 용서의 방편을 제공하신다. 하나님은 자신의 아들의 위격 안에서 우리에게 오신다.

하나님의 아들은 우리의 죄에 대한 유화 제물로 죽으신다. 즉, 하나님이 심판과 진노로 우리를 대적하시던 바로 그 영역에서, 하나님이 우리에게 호의를 베풀도록 보증하시기 위해, 하나님의 아들은 생명을 내어주신다. 그러나 하나님이 자신을 희생 제물로 내어주셨기에, 이는 이방인들의 유화와 너무나 다르다.

앞서 살펴보았듯이 이방인들의 유화에서는 사람이 희생 제물을 드리고 신들은 유화된다. 이와 반대로 성경에서는 유화하는 제물의 기원과 대상이 둘 다 하나님께 속한다. 하나님은 자신의 아들을 십자가에 보내심으로써 유화 제물을 제공하신다. 동시에 그 제물은 하나님 자신의 영광을 만족시킨다. 그리고 하나님의 거룩하심을 훼손하지 않으면서도 하나님의 의로운 분노는 거두어진다.

유화에 대한 상당 부분이 바울이 쓴 또 다른 편지에 요약되어 있다. "이 예수를 하나님이 그의 피로써 믿음으로 말미암는 화목 제물(NIV는 '속죄 제물')로 세우셨으니 이는 하나님께서 길이 참으시는 중에 전에 지은 죄를 간과하심으로 자기의 의로우심을 나타내려 하심이니 곧 이 때에 자기의 의로우심을 나타내사 자기도 의로우시며 또한 예수 믿는 자를 의롭다 하려 하심이라"(롬 3:25-26). 하나님은 당신의 아들을 믿는 사람들을 의롭다 하시는 분이며, 우리를 구하시기 위해서만이 아니라 **'자신의 의로우심을 나타내시기 위해서도'** 당신의 아들을 십자가에 보내셨다는 사실을 바울이 얼마나 강조하는지 관찰해 보라. 하나님의 사랑과 그분의 완전한 거룩하심을 하나 되게 만드는 것이 바로 십자가다.

때로는 산문보다 다음과 같은 시가 이 사실을 더 잘 말해 준다.

신성 안에 있는 사랑은 인간의 개념을 확장해 줍니다.
우리가 미움으로 가득 차도록 허용하는 사랑은
사랑이 아닌 것처럼 보입니다.
오래 된 심판의 약속은 너무 늦은 것처럼 보입니다.
비참한 자가 다시 비참에 처할 때,
하나님의 사랑은 어디 있습니까?

절대적인 거룩하심은 저 멀리 서 있어서
우리 시야에서 사라집니다.
그 밝기가 너무나 이질적이어서 실망스럽게 보이든지,
눈이 멀도록 밝든지 해서, 그 풍성한 영광이 줄어듭니다.
걸음을 재촉하기에는 거리가 너무 멀어 보일 때,
안개 속에서 희미해집니다.
이 사랑과 이 거룩함이 만나는 한 장소가 남아 있습니다.
시적 역량으로 언어의 찌꺼기 하나 없이
순수한 거룩함의 상징, 패배 없는 정의가
무한한 사랑과 연결되어 충격적이고 끔찍한 십자가를 견딥니다.

그 보좌 주위에서 드리는 예배 가운데 계시는 만군의 주 하나님께,
이전에 외쳤던 질문들은 오직 조용한 경의에 자리를 양보합니다.

적어도 이것이 하나님이 십자가를 보시는 한 방법이다.

그리스도의 관점

여기서도 많은 것을 논할 수 있다. 그러나 십자가가 성자께 어떤 의미인지에 대한 담론에서 간과한 중요한 주제 가운데 하나는 아들의 순종이다. 이 주제는 히브리서와 요한복음에서 특히

부각된다. 거기에서 우리는 성부께서 보내시고 성자께서 가셨다는 것을 반복해서 배운다. 성부께서 명령하시고 성자께서 순종하신다. 성자께서는 항상 성부를 기쁘시게 하는 일을 하신다(요 8:29). 성부께서 성자에게 내리신 가장 충격적인 명령은, 반역자들을 구속하기 위해 십자가로 가라고 하신 것이다. 성자께서는 그것이 자신에게 주어진 명령이라는 것을 아신다. 예수님은 자신이 섬김을 받기 위해서가 아니라, 사람들을 섬기고 또 많은 사람을 위해 자기 목숨을 대속물로 주기 위해 오셨다고 주장하신다(막 10:45). 그러나 자신이 받은 명령이 무엇인지 깨달았다고 해서 순종하는 일이 더 쉬워지지는 않았다. 겟세마네와 십자가 앞에서 예수님은 고뇌하며 중보의 자리에 서셨고, "그러나 나의 원대로 마시옵고 아버지의 원대로 하옵소서"라고 반복해서 간구하셨다(막 14:36).

그러므로 예수님께 십자가는 우리를 하나님께 데려가시려고 불의한 자들을 대신해 의로우신 분으로서 자신을 희생 제물로 드린 방법이었을 뿐만 아니라, 하늘 아버지께 드리는 자신의 완전무결한 순종의 정점이기도 했다. 바로 이 점이 우리가 다루는 성경 본문에 암시되어 있다. "사람의 모양으로 나타나사 자기를 낮추시고 죽기까지 복종하셨으니 곧 십자가에 죽으심이라"(2:8).

사탄의 관점

십자가에 대한 사탄의 관점을 이해할 수 있는, 신약성경에서 가장 중요한 장 중 하나는 요한계시록 12장이다. 거기서 사탄은 하늘에서 쫓겨나 자기 때가 얼마 남지 않은 줄을 알고 분노로 가득 찬 모습으로 묘사된다. 사탄은 예수님을 진압할 수 없었기에 교회를 향해 자신의 분노를 토해 낸다. 그는 "형제들을 참소하는 자"다. 동시에 형제들의 양심을 불편하게 하고 하나님이 이처럼 불쌍한 죄인들을 용납하시기 때문에 하나님도 경건하시지 않다고 참소하려한다. 그러나 신자들은 분명하게 십자가를 가리키는 '어린양의 피'를 근거로 사탄을 패소시킨다. 이것은 무엇을 의미하는가?

물론, 이 말은 신자들이 자신의 생각과 양심에서 또는 하나님의 공의의 심판대 앞에서 사탄이 직접 참소하는 것을 피하게 된다는 의미다. 왜냐하면 신자들은 십자가에 즉각적으로 호소하기 때문이나. 그들은 마음을 모아 깊은 감사로 노래한다.

내 손에 아무것도 가져오지 않는다네.
오직 주님의 십자가만 붙드네.

그 호소 앞에 사탄은 반박할 수 없다. 하나님은 반역한 무리를 구속하시면서 동시에 당신의 영광을 흠 없이 유지하신다.

우리는 죄책감에서 해방될 수 있다. 거룩하신 하나님 앞에서의 객관적 죄책과 주관적인 죄의 깨달음, 두 가지 모두에서 해방될 수 있다. 우리에게 죄가 없기 때문이 아니다. 성경은 말한다. 예수님이 "친히 나무에 달려 그 몸으로 우리 죄를 담당하셨으니 이는 우리로 죄에 대하여 죽고 의에 대하여 살게 하려 하심이라"(벧전 2:24).

출애굽 바로 직전의 맨 처음 유월절을 상상해 보자. 저명한 히브리인인 스미스 씨와 존스 씨는 과거 몇 달 동안 일어난 특별한 사건들에 대해 얘기하고 있다. 스미스 씨가 존스 씨에게 묻는다. "어린 양의 피를 당신 집 문설주와 출입문 위의 인방 둘 다에 뿌리셨나요?"

존스 씨가 대답한다. "물론이죠. 모세가 시키는 대로 정확하게 했어요."

스미스 씨도 말한다. "저도 그렇게 했죠. 하지만 지금도 매우 긴장하고 있는 건 사실입니다. 제 아들 찰리는 제게 세상 그 무엇과도 바꿀 수 없는 자식입니다. 모세가 말한 것처럼 세상 모든 장자를 데려가려고 죽음의 천사가 오늘 밤 이 땅을 지나갈 때, 찰리도 데려간다면 저는 정말 어떻게 해야 할지 막막할 겁니다."

"하지만 바로 그 점이 중요해요. 찰리는 죽지 않을 거예요. 그것이 바로 당신이 어린 양의 피를 문설주와 인방에 바른 이유거든요. 모세는 죽음의 천사가 지나갈 때 피를 보면 그 집을

'넘어갈' 거라고 말했어요. 피가 그 집을 지킬 테니 장남은 안전할 거예요. 왜 그렇게 걱정하세요?"

"아, 저도 알고 있다고요." 스미스 씨가 약간 짜증이 난 듯 목소리를 높인다. "그러나 지난 몇 달 동안 몇 가지 매우 이상한 일들이 일어났었다는 것을 당신도 인정해야 해요. 물론, 일부 역병들은 이집트 사람들에게만 돌았어요. 하지만 우리 가운데 일부도 역병에 걸렸죠. 찰리가 위험에 빠질 수도 있다고 생각하니 무섭도록 속상해요."

다소 무신경하게 존스 씨가 대답한다. "당신이 왜 그렇게 조바심을 내는지 정말 이해할 수 없군요. 저한테도 아들이 하나 있어요. 당신이 찰리를 사랑하는 만큼이나 저 역시 아들을 사랑한다고 생각해요. 하지만 저는 정말 마음이 편안해요. 하나님은 당신이 말씀하신 대로 문에 표시해 놓은 모든 집을 죽음의 천사가 넘어갈 것이라고 약속하셨어요. 나는 하나님의 말씀을 그대로 받아들였어요."

그날 밤 죽음의 천사가 그 땅을 지나갔다. 스미스 씨와 존스 씨 중 누가 아들을 잃었을까?

물론, 아무도 아들을 잃지 않았다. 죽음의 천사가 아무도 죽이지 않고 그냥 '지나가게' 해주겠다는 하나님의 약속은 그 주민들이 그 약속을 얼마나 믿느냐에 달린 것이 아니라 단순히 그들이 명령대로 문설주와 인방에 피를 뿌렸느냐 뿌리지 않았느냐에 달려 있기 때문이다. 두 경우 모두 피를 뿌렸다. 집에 표시를 했다. 그러므로 두 집 모두 장자가 구원을 받았다.

그리스도와 그분의 십자가 사역을 믿는 우리도 마찬가지다. **구원의 약속, 전능하신 하나님이 우리를 받아주셨다는 확신은 우리 믿음의 강도나, 일관성 또는 순전함에 달려 있는 것이 아니라 우리 믿음의 대상에 달려 있다.** 기도로 하나님께 나아갈 때, 우리가 간구할 수 있는 이유는 그날 선하게 살았다거나, 찬양 모임을 마치고 돌아왔다거나, 더 열심히 노력했기 때문이 아니라, 그리스도께서 우리를 위해 돌아가셨기 때문이다. 그리고 그 간구에 대해 사탄은 아무런 대응도 할 수 없다.

사실 십자가는 사탄의 패배를 상징한다. 그리고 사탄도 그 사실을 알고 있다. 이것이 바로 십자가가 사탄에게 의미하는 바다.

죄의 관점

물론, 죄는 생명체가 아니다. 그러므로 죄가 어떤 관점을 가지고 있으리라고 생각할 수는 없다. 하지만 십자가가 죄와 관련하여 무엇을 성취했는가를 알 수 있게 하기 때문에, 은유적이기는 해도, 이 범주는 유용하다.

죄를 매우 다양한 방식으로 생각할 수 있기 때문에, 십자가에 대한 죄의 관점은 성경에 매우 다양하게 나타난다. 죄는 빚으로 생각할 수 있다. 갚을 수 없는 어떤 빚 말이다. 그런 경우 십자가는 빚을 갚는 방법으로 볼 수 있다. 우리는 때로 크리스마스카드에서 다음과 같은 문구를 본다.

> 그분은 자신이 빚지지 않은 것을 갚기 위해 오셨네.
> 우리가 갚을 수 없는 빚을 지고 있기 때문이라네.

이것은 매우 정확한 표현이다. 이것이 바로 십자가가 성취한 것이다.

죄는 얼룩으로 생각할 수도 있다. 그런 경우 그 더러움은 그리스도의 죽음으로 제거된다. 또 죄를 하나님 앞에서의 범죄로 생각할 경우, 우리는 십자가가 우리 죄를 속죄하고(expiate) 무효로 만듦으로써 제거한다고 주장한다. 그러나 가증한 죄를 묘사하기 위해 아무리 혐오스러운 이미지를 동원할지라도 유일한 해결책은 십자가다.

우리의 관점

여기서도 다양한 상호 보완적 요소를 강조할 수 있다. 십자가는 당신의 백성을 향한 하나님 사랑의 최고 수위선이다. 십자가는 우리의 부끄러움이자 자유함의 상징이다. 십자가는 우리 죄가 얼마나 심각한지에 대한 궁극적인 척도이며 우리 죄가 이미 해결되었다는 위로의 확신이다. 신약성경에서 십자가는 칭의, 성화, 성령의 선물, 하나님 나라의 여명 등 가장 중요한 개념과 관련되어 있다.

그러나 또한 신약성경에서 십자가는 우리 행동의 최고 기준을 제시한다. 그 주제가 가장 극적으로 묘사된 곳은 베드로전서일 것이다. 하지만 그것은 바울이 빌립보서에서 지적하는 가장 기본적인 요점이기도 하다. 바울은 이렇게 기록한다. "너희 안에 이 마음을 품으라 곧 그리스도 예수의 마음이니"(2:5). 그 후에 그는 십자가의 방향으로 나아간다.

우리 앞에 놓인 본문이 1장 27절부터 2장 18절이지만, 핵심 단락이 2장 6-11절이라는 데는 의문의 여지가 없다. 이는 그 단락이 예수님과 그분의 십자가에 관하여 말하는 바가 중요할 뿐만 아니라, 그 사상이 주변 본문을 주도하기 때문이다.

비록 논쟁 중이지만, 이 단락이 초기 기독교 찬송가의 일부를 보존하고 있다는 주장에는 어느 정도 증거가 있다. 그것이 바로 NIV가 이 본문을 시적인 행(line)으로 제시하는 이유다. 어떤 사람들은 헬라어로는 전혀 운율을 붙여 읽을 수 없기 때문에 시로 번역한 행들을 비판했다. 하지만 어떤 사람은 이런 오행 속요(limerick)를 기억할 것이다.

옛날에 일본에서 온 한 시인이 있었네.

그의 시들은 운율을 붙여 읽을 수 없었네.

이런 말을 들을 때면,

그는 대답했네. "예, 나도 알아요.

그것은 내가 항상 마지막 행에서 가능한 한 최대한 많은 단어를 압축해 넣으려 하기 때문이지요."

바울이 이처럼 예외적으로 벗어난 것을 비난하는 것은 공정하지 못할 것이다. 그러나 헬라 시가 효과를 만들어 내기 위해 현대 영시처럼 형태에 파격을 가할 수 있다는 것은 기억해야 한다.

(이것이 찬송이라면) 이 찬송은 빌립보서보다 오래됐을 가능성이 있다. 그리고 바울이 구약 성경을 인용하는 것처럼(때로는 이방인의 시행들을 인용하기도 했다), 교회에서 사용하는 어떤 찬송을 인용해선 안 될 아무런 이유가 없다. 바울이 인용한 것이라면, 그가 교회의 찬송을 개사했을 수도 있다.

그렇지 않으면, 바울이 직접 본문 선제를 썼을 수도 있다(나 역시 가끔 내가 쓴 어떤 글 일부를 설명하거나 꾸미기 위해 시를 쓴 적이 있다). 어느 쪽이든 바울이 여기에 배치함으로써, 이 행들은 정경으로 인정된 사도의 저술에 보존되어 우리를 교훈하기 위해 오늘날까지 이어져 왔다.

이 위대한 본문을 다음과 같이 두 부분으로 나누어 살피는 게 가장 유용할 것이다.

6-8절

5절은 우리의 자세가 그리스도 예수와 같아야 한다고 말한다. 그분의 놀라운 자기부인이 이 본문 전반부의 주제다. "그는 근본 하나님의 본체시나 하나님과 동등됨을 취할 것으로 여기지 아니하시고"(6절). 이 구절을 이해하는 데는 두 가지 중요한 요소가 있다. 첫째, "본질상 하나님이시나", 좀더 문자적으로 "하나님의 **형체로** 계시나"라는 말은 서구 세계에서 중시하는 본질과 기능 사이의 차이를 정확하게 다루지 않는다. 이 본문은 예수님이 마치 하나님인 양 역할만 감당하셨다고 말하지 않을 뿐만 아니라 예수님이 하나님의 본질 그 자체였다고도 말하지 않는다(이는 어쨌든 성경의 저자인 하나님이 어떤 분인지를 고려할 때 매우 충격적인 말이다). 여기서 사용한 단어는 두 가지 미묘한 개념 차이를 드러낸다. 다음 구절에서 이 단어는 다시 나타난다. 예수님은 오히려 자기를 비워 '종의 본성 그 자체', 좀더 문자적으로 '종의 **형체를**' 취하셨다(7절). 분명 이 후자의 문맥에서 선언하고 있는 것은 단순한 본질, 단순한 존재 자체가 아니라, 예수님이 종으로 사시고 행동하시며 역할을 하셨다는 사실이다.

그렇다면 여기서 의미하는 바는 그리스도 예수께서 하나님 자신의 존재 양식에서 시작하셨지만 종의 존재 양식을 취하셨다는 것이다. 이러한 하나님의 '존재 양식'은 본질과 기능을 모두 아우른다. 예수님은 실제로 하나님과 동등함을 누리셨고 동시에 실제로 종이 되셨다. 이것이 6절 둘째 행에서 예수님이 "하나님과 동등됨을 취할 것으로 여기지 아니하시고", 즉 좀더 낮게 표현하자면, '자신의 유익을 위해 효율적으로 사용할 것으로' 또는 '자기 자신의 유익을 위해 활용할 것으로' 여기지 않았음을 강조하는 이유다. 오히려 예수님은 '자신을 무가치한 것으로 만드시고' '종의 존재 양식'을 취하셨다고 할 수 있다.

둘째로, 헬라어와 영어 모두 시작하는 표현은 약간 모호하다. "본질상 하나님이시나"는 두 가지 방식 중 하나로 이해할 수 있다. 그것은 양보 구절로 이해할 수 있다. "예수님은 다름 아닌 본질상 하나님이셨지만" 종의 형체를 취하셨다. 또는 인과관계적인 문장으로 이해할 수도 있다. "예수님은 다름 아닌 본질상 하나님이셨기 때문에" 종의 형체를 취하셨다. 전체적으로 봤을 때, 후자가 문맥에 더 잘 부합한다(개역개정판은 전자의 입장을 취했다-옮긴이). 영원하신 성자께서는 얻고, 얻고, 또 얻을 기회를 제공하는 대단한 존재로서의 하나님으로 자신의 지위를 생각하지 않으셨다. 그 대신, 예수님이 지니신 하나님으로서의 지위는 아무런 증명할 것도 아무런 성취할 것도 없으시다는 것을 의미했다. 그렇기 때문에 예수님은 하나님, 즉 이런 하나님과 하나라는 이유 때문에 "자기를 무가치한 것으로 여기시고", 주시고, 주시고, 또 주셨다.

예수님이 "자기를 무가치한 것이라 여기셨다"는 말은 무엇을 의미하는가? 문자적으로 번역하면, 성경 원문은 "자기를 비웠다"라고 말한다. 그러나 그 표현은 예수님이 자신에게서 어떤 것을 비웠다는 의미가 아니다. 예를 들어, 마치 예수님이 자신에게서 하나님을 비워 없애신 것처럼 여겼다는 의미가 아니다. 그렇다면 예수님은 더 이상 하나님이 아니기 때문이다. 또는 (비록 어떤 사람들은 그렇게 주장하지만) 예수님이 자신에게서 신적 속성을 비워 없애셨다는 의미도 아니다. 그 결과는 전자와 동일할 것이다. 어떤 동물이 호저(porcupine: 북아프리카, 아시아 서남부, 유럽 남부 등지에 분포하는 호저과의 포유동물-옮긴이)처럼 뒤뚱뒤뚱 걷고, 가시털이 있고, 일반적으로 호저의 모든 속성을 갖고 있다면, 그 동물은 호저다. 호저에게서 그 모든 특성을 제거해 버린다면, 남아 있는 것이 무엇이든 더 이상 호저가 아니다. 그와 마찬가지로, 만일 성자에게서 신적 속성들이 제거된다면, 어떻게 그가 여전히 신적인 존재라고 주장할 수 있을까.

사실, '자기를 비워'라는 표현은 '그분이 자신에게서 **어떤 것**을 비우셨다'는 의미가 아니라 '그분이 자신의 모든 권리를 포기하셨다' 등을 의미하는 관용적 표현이다. 그분은 **자기 자신**을 비우셨다. 그러므로 NIV의 "[그가] 자기를 무가치한 것으로 만드시고"는 문자적으로 아무것도 아닌 것(nothing)이라는 의미가 아니다. 그렇다면 예수님은 더 이상 존재하지 않을 것이다. 예수님은 자신의 권리를 포기하셨다. 보잘것없는 사람(a nobody)이 되셨다. 특히 바울은 다음 행에서 예수님이 종, 노예가 되셨다고 말한다. 물론, 그것은 노예를 정의하는 속성이다. 다양한 관점에서 볼 때, 노예는 보잘것없는 사람이다. 노예는 소유주에게 재산을 의미할 수도 있다. 그는 어떤 요긴한 기술을 지녔을 수도 있다. 그러나 노예에게는 아무런 권리가 없다. 그들은 보잘것없는 사람들이다. 그와 대조적으로, 영원하신 성자께서는 항상 하나님의 모든 권리를 갖고 계신다. 예수님은 하나님과 하나이셨다. 그러나 바로 그 이유 때문에, 예수님은 자신이 하나님과 동등하다고 여기시지 않고 오히려 스스로 보잘것없는 사람이 되셨다. 예수님은 "자신을 무가치한 것으로 만드시고, 바로 그 종의 본성을 취하셨다."

 바울이 그리스도께서 어떤 형태 대신 다른 것으로 취하셨다고 말하지 않는다는 것을 알아야 한다. 바울은 그리스도께서 하나님이셨는데 그것을 포기하고 그 대신 종이 되셨다고 말하지 않는다. 오히려 예수님은 자신의 본질을 포기하지 않으면서 종의 존재 방식을 취하신다. 그렇게 하기 위해, 예수님은 (문자 그대로) "사람들과 같이 되셨"다(2:7). 이 개념은 예수님이 단지 인간과 비슷해지셨다는, 유사품이 되기는 하셨지만 진짜 사람이 되지는 못하셨다는 의미가 아니다. 그것은 오히려 예수님이 그런 방식으로 빚어진 존재, 즉 인간이 되셨음을 의미한다. 예수님은 항상 하나님이셨다. 이제 예수님은 자신이 이전에 한 번도 돼 보지 않았던 인간이 되신다. "사람의 모양으로 나타나사 자기를 낮추시고 죽기까지 복종하셨으니 곧 십자가에 죽으심이라"(2:8).

오늘날 우리가 바울이 사용한 단어가 암시하는 충격적인 의미를 알아듣는 것은 쉽지 않다. 십자가가 아주 익숙한 상징이 되어 버렸기 때문이다. 오늘날 많은 여자와 심지어 남자들도 십자가가 달린 귀걸이를 한다. 주교들은 십자가 목걸이를 목에 건다. 교회 건물 첨탑에 십자가는 빠지지 않으며 예배당 안에는 배경 조명까지 장치한 십자가가 있기 마련이다. 오래된 교회 건물 중에는 실제로 십자가 형태로 지은 것도 있다. 그런 것에 대해 아무도 놀라지 않는다.

교회 건물의 가장 눈에 잘 띄는 위치에 아우슈비츠(Auschwitz)의 빽빽한 무덤을 그린 벽화를 설치한다고 가정해 보라. 보는 사람마다 섬뜩해하지 않겠는가? 그러나 주후 1세기에는 십자가가 바로 그런 상징적 의미를 지녔다. 학자들은 예수님 시대부터 지금까지 우리에게 전해 내려오는 '십자가'라는 단어 그리고 그와 관련한 표현들을 모두 철저히 검토한 후 '십자가형'과 '십자가'라는 말이 어떻게 필연적으로 공포를 일으켰는지 보여 줬다. 로마의 다양한 처형 방법 중에서 십자가형은 노예, 반역자 그리고 무정부주의자들에게만 사용할 수 있었다. 또한 황제의 분명한 승인이 없이는 로마 시민에게 사용할 수 없었다. 사람들은 십자가형이 너무나 잔인하다고 생각했다. 너무 거친 말이었기 때문에 정중한 대화에서는 '십자가'라는 단어 자체를 회피했다.

그러나 여기에 강철같이 담대한 바울이 이렇게 주장한다. 우리가 섬기는 주 그리스도께서 바로 그런 하나님이셨기 때문에 자신을 보잘것없는 자로 만드시고, 실제로 노예가 되셨다. (이런 과정에 필요한 부분으로서 인간이 되신 것이다.) 그리고 나서도 자신을 더 낮추시고 하늘 아버지께 죽기까지 복종하셨다. 그 죽음은 형사법 체제에 대적하는 공공의 적이나 인간쓰레기들에게만 적용하는 십자가에서의 끔찍하고 혐오스러운 죽음이다. 그 표현은 충격을 주기 위한 의도였다. 예수님은 십자가에서 죽으셨다!

W. H. 오든(Auden)은 다음과 같은 시를 썼다.

> 상처도 없이 잘 먹고 잘 사는 사람들은
> 갈보리 사건을 말잔치로 즐길 뿐이라네.

9-11절

이 '찬송'(만약 찬송이라면)의 후반부는 성자의 입증을 다룬다. 바울은 다음과 같이 기록한다. "이러므로." 성자의 자기 비움, 순종, 십자가에서의 죽음 때문에, "하나님이 그를 지극히 높여 모든 이름 위에 뛰어난 이름을 주사 하늘에 있는 자들과 땅에 있는 자들과 땅 아래에 있는 자들로 모든 무릎을 예수의 이름에 꿇게 하시고 모든 입으로 예수 그리스도를 주라 시인하여 하나님 아버지께 영광을 돌리게 하셨느니라"(2:9-11). 성자에 대한 성부의 승인과 입증이 이 위대한 요약에 들어 있다.

하나님이 예수님에게 "모든 이름 위에 뛰어난 이름"을 주셨다고 말할 때, 바울은 성부께서 성자께 단순히 '이름을 다시 지어주신' 것 이상을 의미한다. 고대 세계에서 이름이란 부르기 편리한 호칭 이상의 의미가 있었다. 여기서의 의미는 하나님이 예수님이 성취하신 것을 반영하며 예수님이 어떤 분인지 인정하는 이름을 부여해 주셨다는 것이다. 아마도 바울이 생각하는 '이름'은 "주"(Lord)일 것이다. 그리고 이 칭호는 필연적으로 많은 구약 성경 본문을 떠올리게 한다. 하나님은 이사야서에서 선언하신다. "나는 여호와이니 이는 내 이름이라"(사 42:8). 히브리어로는, "나는 야웨(YAHWEH)이니"다. 하나님은 영원한 분, 자신을 언약의 이름을 통해 계시하시는 분이다(출 3:14 참고). 그러나 히브리어 단어가 헬라어로 번역될 때, 그것은 통상 간단하게 '주'(*Kyrios*)로 번역되었다. 예수님은 이 깨어진 온 우주에서 그분과 동일한 '주 되심'(lordship), 아버지와 동일한 지위를 얻으셨다. 예수님께 이미 있었던 주 되심이 무의미했기 때문이 아니라, 예수님이 신인(God-man)으로서, 즉 십자가에 못박히시고 부활하신 구속주로서는 처음으로 주 되심을 얻으셨다는 의미가 있기 때문이다. 이 문제에 대해 신약성경이 이사야 42장을 인용한다는 사실이 특히 중요하다. 그 문맥은 이 영광이 하나님께만 속해 있다는 것을 보여 주기 때문이다. "나는 여호와이니 이는 내 이름이라 나는 내 영광을 다른 자에게 내 찬송을 우상에게 주지 아니하리라"(사 42:8). 그러므로 하나님이 예수님께 그런 칭호를 주시는 것은, 전에 십자가에 못 박히셨으나 이제 부활하셔서 통치하시는 승리하신 신인(God-man)으로서 예수님의 신성을 인정하시는 것과 마찬가지다.

우리는 요한복음에 있는 예수님의 가르침을 잊을 수 없다. 성부께서는 모든 사람이 자신에게 하는 것같이 성자께 영광을 돌리게 하셨다(요 5:23). 하늘에 있는 자들과 땅에 있는 자들과 땅 아래에 있는 자들이 모든 무릎을 예수님께 꿇어 절할 것이다. 여기서도 이사야서에서 표현을 빌려 왔다. 그리고 다시 한 번 이 본문의 문맥은 이미 상정되어 있었다. 이사야 45장에서 하나님이 선언하신다.

> 땅의 모든 끝이여
> 　내게로 돌이켜 구원을 받으라
> 　나는 하나님이라 다른 이가 없느니라
> 내가 나를 두고 맹세하기를
> 　내 입에서 공의로운 말이 나갔은즉
> 　돌아오지 아니하나니
> 내게 모든 무릎이 꿇겠고
> 　모든 혀가 맹세하리라 하였노라
> 내게 대한 어떤 자의 말에
> 공의와 힘은 여호와께만 있나니
> 사람들이 그에게로 나아갈 것이라

무릇 그에게 노하는 자는 부끄러움을 당하리라

그러나 이스라엘 자손은 다 여호와로 말미암아

의롭다 함을 얻고 자랑하리라 하느니라(사 45:22-25).

다시 한 번 말하지만 이와 같은 단어들이 주저 없이 예수님께 적용될 수 있다면, 여기에서 예수님이 누구신가에 대한 암시는 실로 충격적이다. 이사야서의 본문("내게 모든 무릎이 꿇겠고")을 인용해 예수 그리스도께서 주님이라고 한 고백은 예수 그리스도께 신성을 돌리는 명확한 찬미다. 그럼에도, 예수님은 성부 하나님과 구별되신다. 예수님을 지극히 높이신 분은 바로 하나님이다. 게다가 "예수 그리스도는 주"라고 고백하는 것은 "하나님 아버지께 영광을 돌리는" 것이다(2:10, 11). 나중에 삼위일체 교리라 불리는 것의 기본 원리 중 일부가 이 같은 본문에 함께 나타난다.

이 본문은 궁극적으로 전 세계에 있는 모든 사람이 구원을 받을 것이라는 보편구원론(universalism)에 사용될 여지를 조금도 남기지 않는다. 이사야 45장 본문에서, 모든 사람이 의와 능력이 오직 여호와께만 있다고 고백한다. 모든 사람이 무릎을 꿇는다. 그럼에도 불구하고, "무릇 그에게 노하는 자는 부끄러움을 당하리라"(45:24). 따라서 빌립보서 2장에서도 모든 입이 예수 그리스도를 주님으로 시인할 것이다. 그러나 모든 입이 기쁘게 순종하며 예수 그리스도를 주로 시인할 것이라는 말이

뒤따르지는 않는다. 본문은 예수님이 마지막 말씀을 가지고 계시며, 예수님이 온전히 입증되셨고, 결국에는 어떠한 반대 세력도 그분을 대적하지 못할 것이라고 약속한다. 보편적 구원은 없다. 예수님이 누구이신지에 대한 보편적 고백만이 있을 뿐이다.

그것은 지금 우리가 믿음으로 회개하고 예수를 주로 고백하든지, 아니면 마지막 날에 수치와 두려움 가운데 예수를 시인할 것이라는 사실을 의미한다. 어느 쪽이든 결국 우리는 모두 예수를 시인할 것이다.

아마 어떤 사람에게 주 예수에 대해 전할 때 다음과 같이 논박하는 말을 들어 봤을 것이다. "보세요. 이 예수가 당신에게 도움이 된다고 생각하신다니 기쁘네요. 예수가 당신에게 만족을 주고, 당신이 삶을 살아가면서 뭔가 의미를 찾을 수 있게 해 준다니 좋네요. 그러나 솔직히, 저한테는 당신이 믿는 종교가 필요 없어요. 나는 친구로서 당신을 좋아하지만, 우정이 이상한 쪽으로 흐른다면, 당신과 예수 둘 다 안녕이에요."

당신은 뭐라고 말하겠는가?

조만간 그리고 가능한 한 가장 친절하게 말해야 하는 것 중 하나는 다음과 같은 말일 것이다.

"당신은 친구입니다. 그리고 나는 당신과의 우정을 잃고 싶지 않아요. 하지만 내가 말하는 예수님은 개인 치료 요법 같은 분이 아니라는 건 분명히 해야겠어요. 내가 말하는 예수님은 당신을 만드셨어요. 당신은 예수님 덕분에 존재하죠. 그리고 언젠가 당신은 그동안 살아 온 삶을 예수님 앞에서 셈할 날이 올 거예요. 조만간 모든 사람이 예수님 앞에 무릎을 꿇을 겁니다. 기쁨으로 하든지 부끄러움과 두려움으로 하든지 말이죠. 이것을 깨닫지 못한다는 것은 결국 당신이 잃어버린 바 되었다는 무시무시한 표식입니다. 예수님만이 당신을 그곳에서 구원하실 수 있습니다."

즉, 여기서 제기하는 주장은 순화되고, 쉽게 무시되며, 심리학적으로 개인화되고, 놀랍게 살균처리된, 단순한 개인 전유물이 된 예수님이 아니다. 예수님은 하나님과 하나이시다. 그러나 그분은 우리를 구원하기 위해 직접 십자가에서 죽으셨다. 다른 곳에서 바울은 만물이 예수님으로 말미암고 예수님을 위해 창조되었다고 주장한다(골 1:16). 이제 바울은 성부께서 겸손과 희생의 예수님을 입증하셨고, 모든 사람이 예수님 앞에 무릎 꿇어 경배할 것이라고 주장한다.

이는 놀라운 본문이다. 무한한 신적 장엄함이 측량할 수 없는 신적 자기희생과 연합한다. 그리고 이제 바울은 주장한다. "너희 안에 이 마음을 품으라 곧 그리스도 예수의 마음이니"(2:5).

이것이 바로 주변 본문이 정리하고 있는 주제다. 우리는 그 주장들을 다음과 같이 세 가지로 요약할 수 있다.

우리는 그리스도를 믿을 뿐만 아니라 그분을 위하여 고난을 받도록 부르심을 받았다

1:27-30

바울에게 행위가 얼마나 중요한지 인식함으로써 시작해야 한다. 바울은 말한다. "무슨 일이 일어난다 할지라도 그리스도의 복음에 합당한 방식으로 행동하라"(1:27, NIV). "무슨 일이 일어난다 할지라도"라는 말은 헬라어의 독특한 표현인 "오직 이것" 또는 "이 한 가지"에 있는 사상을 번역하기 위해 NIV가 택한 것이다. 이 사상은 다른 어떤 것이 강요되더라도, 어떤 압박이 가해지더라도, '무슨 일이 있더라도' 어떤 것들이 중심이 되어야 한다는 것이다. 즉, 그것들은 행위에 초점을 맞추고 있다.

그 행위에 대해 설명하며 시작하는 말부터가 충격적이다. "그리스도의 복음에 합당한 방식으로 행동하라." 분명 엄청나게 높은 기준이다. 그러나 이 말의 정확한 의미는 무엇인가?

그것은 분명 그리스도가 기준이 되고 열심히 노력해서 그에 합당하게 되어 그 유익을 얻는 것처럼 우리가 복음에 합당하게 되어야 한다는 의미가 아니다. 복음은 그리스도께서 죄인들을 위해 죽으셨다가 다시 살아나셨다는 좋은 소식이다. 당신의 아들의 죽음과 부활 그리고 당신이 보내신 성령의 능력에 의해, 하나님은 우리를 어둠의 왕국에서 당신이 사랑하시는 아들의 왕국으로 옮기셨다(골 1:13). 우리는 약속된 유산의 보증(down payment)으로서 성령을 받았다. 그리고 언젠가 새 하늘과 새 땅의 측량할 수 없는 영광을 누릴 것이다. 그러므로 바울은 뭔가를 확보하기 위해 더 노력해야 한다는 차원에서 '그리스도의 복음에 합당한 방식으로' 행동하라고 주장하는 것이 아니다. 우리를 위해 이미 무엇인가 확보되었기 때문에 감사함으로 그리고 그것이 바로 복음이 우리를 구원한 목적이라는 것을 인식하면서 더 열심히 노력해야 한다는 차원에서 주장하는 것이다. 우리를 구원한 복음, 우리가 받은 복음에 합당하게 살기 위해 부지런해야 한다.

'행동하다'라는 동사는 고대 세계에서 성실한 시민에 어울리는 행동을 언급하는 데 사용되곤 했다. 헬라인들은 어떠어떠한 식으로 '시민으로서 행동'해야 했다. 이 말을 하나님 나라의 시민으로서 교회에서 신자들의 행동에 적용할 때, 거기에는 어떤 공동체적인 의미가 함축될 수 있다.

그러나 우리는 무엇보다 먼저 물어야 한다. "바울이 생각하는 복음에 합당한 행위는 무엇인가?" 그 다음 구절들은 바울의 기대를 구체화한다. 바울이 원하는 행동은 어떤 사도가 어깨 너머로 지켜보고 있건 그렇지 않건 동일한 방식으로 행하는 일관된 행동이다. 바울은 이렇게 기록한다. "내가 너희에게 가 보나 떠나 있으나"(1:27). 그가 빌립보 교인들 가운데서 일관성 있게 나타나기 원하는 행동은 다음과 같다. 그들이 "한마음으로 서서 한뜻으로 복음의 신앙을 위하여 협력하는 것과 무슨 일에든지 대적하는 자들 때문에 두려워하지 아니하는"(1:27b-28a) 것이다. 이 하나됨, 한마음으로 굳게 서 있음, 이 "복음의 신앙을 위하여 협력"함은 두 가지 의미를 갖는다. "이것이 그들에게는 멸망의 증거요 너희에게는 구원의 증거니 이는 하나님께로부터 난 것이라"(1:28b). 다른 말로 하면, 성품의 변화, 복음을 옹호하기 위해 연합된 태도, 견뎌야 하는 반대 세력을 두려움 없이 온순함으로 이겨낼 수 있는 능력 등이 표지를 구성한다. 그 표지는 바깥 세계와 기독교 공동체 둘 다에 많은 것을 시사한다. 그것은 반대를 쌓아가고 있는 세상에 대한 심판의 표지다. 또한 이 신자들이 진실로 하나님의 백성이며 마지막 날에 구원받을 것이라는 확증의 표지다.

그러므로 복음에 합당한 행동은 첫째, 공동체의 연합과 견고함이다. 복음을 변호할 때 기쁘게, 온순함으로 그리고 두려움 없이 모든 반대를 이기며 담대하게 복음을 전하는 그러한 연합과 견고함이다. 솔직히 말해서, 복음에 합당한 행동은 무엇보다 먼저 복음을 진전시키는 행동이다. 무엇이 이보다 더 합당할 수 있겠는가? 우리를 구원하고 변화시킨 영광스러운 좋은 소식에 반응하여 가장 옳게 사는 방법은, 다른 신자들과 함께 믿음을 적극적으로 경주하는 방식으로 행동하는 것이다. 그러한 행동은 결국 우리에게 구원의 확신이라는 표지가 되고, 듣지 않으려는 사람들에게는 임박한 심판의 표지가 될 것이다.

그리고 나서 바울은 그러한 행동과 그들이 경주하는 십자가의 복음 사이의 본질적인 관계를 밝히는 몇 마디를 덧붙인다. "그리스도를 위하여 너희에게 은혜를 주신 것은 다만 그를 믿을 뿐 아니라 또한 그를 위하여 고난도 받게 하려 하심이라"(1:29). 복음을 위하여 고난을 받으라는 부르심이 주어졌다. 그것은 하나님이 주신 영광스러운 선물이다! 그들은 믿음으로 나아오는 특권을 누릴 뿐만 아니라, 지금 그리스도를 위해 고난받는 특권도 누린다. 바울은 이렇게 기록한다. "다만 그를 믿을 뿐 아니라 또한 그를 위하여 고난도 받게 하려 하심이라."

이는 우리가 고난에 대해 일반적으로 생각하는 방식이 아니다. 심지어 핍박당하는 고난도 아니다. 그러나 그것은 바울이 말하는 것이다. **그들의 구원이 그들을 위해 다른 사람이 당한 고난으로 얻은 것이라면, 그들의 제자도는 예수님을 위해 그들 자신이 당하는 고난에서 입증될 것이다.**

물론, 그리스도를 위한 우리의 고난은 우리를 위한 그리스도의 고난과 정확하게 동일하지는 않다. 그리스도의 고난은 신인(God-man)의 고난이다. 하나님과 동등함을 누리신 분의 고난, 다른 사람들의 용서를 획득한 고난, 죄 없는 희생자의 고난이다. 그리스도를 위한 우리의 고난은 그분이 받으신 고난의 속죄적 의미에 아무것도 더할 수 없다.

그럼에도 우리는 그리스도처럼, 그리스도를 위해 고난을 받으라고 부르심을 받았다. 예수님이 마가복음 8장에서 제자들에게 하신 말씀을 기억하는가? "누구든지 나를 따라오려거든 자기를 부인하고 **자기 십자가를 지고** 나를 따를 것이니라"(막 8:34). 이 표현 역시 충격적이다. 주후 1세기 사람들에게 그런 표현은 징그러운 사마귀나, 실망이나, 정신없이 날뛰는 시어머니나, 임박한 수학 시험 등을 견디는 법을 배워야 한다는 의미가 아니었다. "우리 모두 져야 할 십자가가 있다!" 아니, 1세기 사람들에게 이 말은 기진맥진한 어깨에 십자가의 한 부분을 지고, 처형장까지 비틀거리며 가서, 통렬한 고뇌와 수치 가운데 처형당하는 것을 의미했다. 십자가를 진다는 것은 집행유예가 가능한 모든 지점, 또 한 번 자신의 이익을 추구할 수 있을 것이라는 희망을 가질 수 있는 모든 지점을 이미 지나갔다는 것을 의미한다. 우리는 죽으러 간다. 그것도 치욕적인 죽음을 치르러 가는 중이다. 그러므로 예수님의 제자들에게 날마다 자기 십자가를 지는 것(눅 9:23)은, 깜짝 놀랄 만한 은유적 의미로, 그 죽음의 대가가 무엇이든 예수님을 따르기 위해 자아가 죽어야 한다는 것을 의미한다.

이것이 모든 기독교 제자도의 핵심이다. 이것을 인정하지 않으려 할 때마다 그리스도께 죄를 짓는 것이므로, 우리는 죄를 고백하고 기초로 돌아가야 한다. 우리는 날마다 자기 십자가를 지고 가야 한다.

이러한 자세는 예수님을 위해 공공연한 박해를 기꺼이 견디는 것을 포함한다. 그것이 바로 빌립보 교인들이 직면하도록 부르심을 받은 것이다. 이 일에서 그들은 그저 사도의 모범을 따르고 있었다. 바울은 부드럽게 그들에게 상기시킨다. "너희에게도 그와 같은 싸움이 있으니 너희가 내 안에서 본 바요 이제도 내 안에서 듣는 바니라"(1:30). 진실로, 최초의 사도 무리는 처음으로 두들겨 맞았을 때 "그 이름을 위하여 능욕 받는 일에 합당한 자로 여기심을 기뻐하면서"(행 5:41) 법정을 떠났다. 의심할 여지없이, 서구 세계에 사는 우리는 대부분 그런 노골적인 반대에서 상대적으로 보호되어 있다. 그러나 세상의 대다수는 그와 상황이 다르다.

이런 일을 연구하는 선교학자들은 복음 확장의 가장 위대한 시대는 지난 150년 동안이었다고 말한다. 그 시기에 1,800년 동안 나왔던 순교자들을 다 합친 것보다 많은 그리스도인 순교자들이 나왔다. 지금의 경향이 서구에서 계속된다면, 복음에 대한 반대가 가족의 반대를 넘어서 직장에서의 어려움, 지적인 동료들의 무시 등 구체적인 박해로 확장되는 것이 전혀 불가능한 일은 아니다.

그러나 **매일 자기 십자가를 지고 가는 것을 배우는 것, 예수님을 위해 기뻐하며 고난당하기를 배우는 것은, 확실히 물리적 박해의 범위 너머까지 연결되어 있다.** 그리스도인이 되고 조금만 지나면 그리스도를 위해 자신의 이익을 제쳐 두어야 할 때가 수없이 많다는 것을 깨닫게 된다. 대부분의 경우, 이 좁은 길을 걸어갈 힘을 주는 것은 바로 그리스도께서 보여 주신 모범과 친히 당하신 고난이다.

몇 년 전 나는 칼 헨리(Carl F. H. Henry) 박사, 그리고 케니스 칸처(Kenneth S. Kantzer) 박사와 비디오 녹화를 위한 인터뷰 요청을 받았다. 이 두 미국인 신학자는 서구 세계, 특히 미국과 그 밖의 나라들에서 일어난 복음주의 부흥의 핵심에 있었다. 녹화 당시 두 사람 다 여든 줄이었다. 한 사람은 많은 책을 저술했고, 다른 한 사람은 서구 세계에서 가장 영향력 있는 신학교 중 하나를 세우고 키워 냈다. 두 사람 다 빌리 그레이엄(Billy Graham), 로잔 운동(Lausanne movement), 복음주의 분과회의, 영향력 있는 잡지인 「크리스채너티 투데이」(*Christianity Today*), 그리고 그 외의 더 많은 일에 관여했다. 이 그리스도인 지도자들의 영향력은 저술과 공적인 가르침뿐만 아니라 개인적인 격려를 통해 도와준 수많은 젊은 목회자들과 학자들에게까지 미쳤다. 두 사람은 수백 명의 신학생 앞에서 비디오 카메라로 강의를 했다. 그 다음에 내가 그들을 인터뷰했다. 토론이 끝나갈 무렵, 나는 대략 다음과 같은 말로 질문을 던졌다.

"두 분은 거의 반세기 동안 엄청난 영향을 끼쳤습니다. 값싼 아부의 말을 덧붙일 필요 없이, 두 분의 사역이 매력적인 이유는 두 분 모두 훌륭한 인격을 지니셨기 때문이라는 것을 말하지 않을 수 없습니다. 두 분 다 강하면서도 독선적이지 않습니다. 두 분 다 편향된 교리에 굴복하시거나 개인적인 제국을 세우지 않으셨습니다. 하나님의 선하신 은혜 안에서, 이 영역들에서 여러분을 지키는 데 가장 중요한 것이 무엇이었습니까?"

둘 다 크게 당황한 기색이었다. 그러자 한 사람이 부드러우면서도 단호하게 말했다. "도대체 누가 십자가 옆에 서 있으면서 교만할 수 있단 말입니까?"

위대한 순간이었다. 특히 매우 즉흥적이었기 때문에 더욱 그랬다. 그들은 자신들의 자세가 예수 그리스도의 것과 동일해야 한다(2:5)는 것을 너무나 잘 알았기 때문에, 자신들의 온전함을 유지해 온 것이다. 그들은 자신들이 그리스도를 믿는 것뿐만 아니라 그리스도를 위해 고난받는 것에도 부르심을 받았다는 것을 알았다. 그들의 주님이 하나님과의 동등함을 개인적인 이익을 위해 취할 어떤 수단이 아니라 십자가를 향한 겸손의 길을 가는 기초로 여기셨다면, 어떻게 그들이 그리스도인 지도자로서의 영향력 있는 위치를 개인의 이익을 위한 도구로 여길 수 있겠는가?

우리는 그리스도를 믿을 뿐만 아니라 그리스도를 위하여 고난을 받는 데 부르심을 받았다.

우리는 복음의 위로를 누릴 뿐만 아니라 그 위로를 전하도록 부르심을 받았다 2:1-11

이것이 2장 서두에서 전하는 메시지다. 바울은 경험해 보라고 호소한다. 간단히 말해서, 바울의 주장은 이렇다. 우리가 중요하고도 기쁜 그리스도인의 축복을 많이 경험했다면, 거기에는 따르는 조건이 있다. 우리는 어떤 방식으로 행동해야 한다. 다른 말로 하면, 바울은 그들이 어떤 부를 누렸다면, 이 귀중한 보물은 특정한 행동을 하라는 명령이 된다고 주장한다.

그렇다면 사도가 호소하는 이 경험은 도대체 어떤 것인가? 그리고 그가 기대하는 행동은 어떤 것인가?

경험에 대한 호소는 2장 1절에 나오는 일련의 '만일…'(개역개정판에는 '…거든'으로 표현되어 있다-옮긴이)과 밀접한 관련이 있다. "그러므로 [만일] 그리스도 안에 무슨 권면이나, [만일] 사랑의 무슨 위로나, [만일] 성령의 무슨 교제나, [만일] 긍휼이나 자비가 있거든." 즉, 만일 그들이 하나님께 친히 사랑을 받고 있고 또 다른 신자들에게 사랑을 받고 있다는 확신 속에서 고통과 외로움을 느낄 때 그리스도인이 된 것으로 인해 어떤 격려나 위로를 누린다면, 만일 하나님의 가족 안에서 성령의 동일한 사역 가운데 어떤 교제나 동역의 감정을 느낀다면, 만일 긍휼이나 자비를 새롭게 경험한다면, 그렇다면 "마음을 같이하여 같은 사랑을 가지고 뜻을 합하며 한마음을 품어…나의 기쁨을 충만하게 하라"(2, 4b절).

달리 말하면, 바울은 삶 가운데 다음과 같은 순간이 있었는지 묻고 있다. 하나님이 가까이 계시다고 느꼈을 때, 말로 표현할 수 없는 하나님의 사랑을 깨달았을 때, 하나님의 백성으로서 교제 가운데 있다는 소속감을 누렸을 때, 그리스도인이라는 사실이 주는 '유익'으로 인해 놀라운 격려를 받았을 때.

이는 꽤 단도직입적인 경험에 대한 호소다. 그러나 정상적인 그리스도인의 삶에 있는 이와 같은 일면들을 경험해 봤다면, 그런 경험이 대부분 하나님의 은혜가 당신에게 미치도록 다른 그리스도인들이 통로가 되어 주었기 때문이라는 것을 깨달아야 한다. 그들은 당신을 사랑하고, 아끼고, 격려하고, 당신이 구속받은 사람들의 교제 가운데 있음을 느끼게 해주었다. 그리스도인 **당신**에게 이것이 의미하는 바는, 당신도 동일한 것을 다른 사람들에게도 빚지고 있다는 점이다. 그것을 깨닫고 그에 따라 산다면, 당신은 바울의 기쁨을 불러일으킬 것이다. "마음을 같이하여[당신을 위해 사역해 온 사람들과 동일한 자세를 취하여] 같은 사랑을 가지고[당신이 받은 것과 같이] 뜻을 합하며 한마음을 품어[온 교회가 동일하게 그리스도께 영광을 돌리고, 하나님을 경외하며, 자기를 부인하고, 다른 사람을 세우는 소중한 태도를 반영하여]… 나의 기쁨을 충만하게 하라." 그리고 그것으로 충분히 표현되지 않은 경우를 대비해, 바울은 자신의 요점을 상세히 설명한다. "아무 일에든지 다툼이나 허영으로 하지 말고 오직 겸손한 마음으로 각각 자기보다 남을 낫게 여기고 각각 자기 일을 돌볼 뿐더러 또한 각각 다른 사람들의 일을 돌보아"(2:3-4a).

이것이 다른 사람을 위해 자신의 유익에 대해 죽는 것, 곧 자기 십자가를 지는 것이 아니라면 무엇이겠는가?

제2바이올린을 잘 연주하기 위해서는

내가 말할 수 있는 것보다 더 많은 은혜가 필요하다네.

이것이 바로 바울이 말하는 것이다. 다른 사람들이 당신을 위해 사역해 온 것은 그리스도인으로서 그리스도를 위해 그리고 당신을 아끼는 마음으로 그들이 제2바이올린을 연주하기로 했기 때문이다. 이제 당신 차례다. '이기적인 야망'이나 '허영'은 버리라. **다른 사람의 행복을 먼저 생각하고 자기를 부인하는 것이 우리의 좌우명이 되어야 한다.**

바울에게 이 문제는 궁극적으로 자세에 관한 것이다. 그리고 올바른 자세를 완벽하게 보여 준 분은 바로 주 예수 그리스도시다. "너희 안에 이 마음을 품으라 곧 그리스도 예수의 마음이니"(2:5). 바울은 예수님의 모범을 이어지는 담대한 구절에서 설명한다(2:6-11).

그렇다면 바울이 말하는 요점은 우리가 복음이 주는 위로를 누리기 위해 부르심을 받았을 뿐만 아니라, 그것을 전하기 위해서도 부르심을 받았다는 것이다. 다른 신자들의 도움을 통해 복음에서 어떤 개인적인 유익을 얻었다면, 그 전통을 계속 유지하라. 다른 사람들도 그러한 유익을 얻을 수 있도록 그들을 대하라. 결국 우리는 우리의 사명이 자기부인 그 자체인 분을 신뢰하고 따르는 것이라고 고백한다. 하늘 아버지에 대한 순종으로, 예수님은 주고, 주고, 또 주셨다. 바울은 당신의 자세가 예수님의 자세와 같아야 한다고 말한다. 주고, 주고, 또 주라.

때때로 젊은이들에게 그렇게 말하지 않는가? 그들은 모든 사람이 자신을 쳐다보고 있고, 아무도 자신을 좋아하지 않는다고 생각하는 자의식(self-conscious)의 단계를 경험한다. 그들이 그런 면에서 자기 연민에 빠진다면, 이내 우리는 그들에게 이렇게 말한다.

"제발 징징거리지 마. 네 자신이 다른 누군가에게 친구가 되어 준 적이 있어? 친구를 원한다면 먼저 다른 사람에게 친구가 되어 주어야 해. 교실 주변을 둘러보고, 가장 외롭고, 가장 심하게 왕따를 당해서 홀로 있는 아이를 찾아, 친구가 되어 주려고 노력해 본 적이 있어? 한번 그렇게 해봐. 어째서 너 자신은 다른 사람들에게 친구가 되어 주려고 노력하지도 않으면서, 다른 사람들은 모두 너에게 다정해야 한다고 생각하는 거니?"

물론, 그런 주장은 유용하긴 하지만 제한적이다. 바울의 주장은 이보다 훨씬 더 강력하다. 우리는 다른 사람에게 사랑과 격려를 베풀어야 할 빚이 있다. 우리가 이미 다른 사람들에게서 그만큼 받았기 때문이다. 무엇보다도 우리는 그리스도 예수를 따른다고 고백했고, 궁극적으로 그것은 예수님의 성품과 자세이기 때문에, 우리에게도 다른 사람들에 대해 그런 성품과 자세를 가져야 할 의무가 있다. 그런데도 자신을 그리스도인, 즉 교회의 구성원이라고 고백하는 사람들 가운데 무엇을 얻을지에 대해서만 생각하는 사람들이 있다는 것은 매우 염려스러운 일이다. 이 얼마나 불쌍하게 그리스도를 부인하는 자세인가! 주고, 주고, 또 주라. 우리는 복음의 위로를 누릴 뿐만 아니라, 그것을 다른 사람들에게 전하도록 부르심을 받았다.

우리는 믿음과 순종의 초기 단계뿐만 아니라 구원을 이루는 온전한 삶으로도 부르심을 받았다 2:12-18

이 단락이 어떻게 시작하는지 주목하라. "그러므로 나의 사랑하는 자들아." 즉, 바울은 자신이 방금 그리스도께 드린 찬송에서 논리적 관계를 끌어내고 있다. 바울이 설명하는 관계에는 적어도 두 가지 논리적 연결 고리가 있다. 첫째로, "모든 무릎을 예수의 이름에 꿇게"하셨다(2:10). 그러므로 마지막 날에 우리는 그리스도 앞에 절하고 그리스도 앞에서 모든 것을 셈한다는 관점을 가지고 살아가야 한다. 그러나 더 중요한 것은, 그리스도 예수께서 극심하게 고난당하신 후에 마침내 그 결백이 입증되셨다는 사실이다. 우리도 그렇게 될 것이다. 그분은 복종하셨고, 끝까지 고난을 참으셨고, 종국에는 정당성이 입증되셨다. "그러므로…항상 복종하여 두렵고 떨림으로 너희 구원을 이루라"(2:12).

12절과 13절에서 하나님의 주권과 우리의 책임 사이의 관계를 파악하는 것이 매우 중요하다. 본문은 "너희 구원을 얻기 위해 일하라. 하나님이 당신의 본분을 다하셨으므로 이제 모든 것이 너희에게 달려 있다"라고 말하지 않는다. 또는 "너희는 이미 너희 구원을 가지고 있을지 모른다. 그러나 이제 그 안에서 인내하는 것은 전적으로 너희에게 달려 있다"라고도 말하지 않는다. "손을 놓고 하나님께 맡겨라. 긴장을 풀어라. 성령께서 너를 옮기실 것이다"라고는 더더욱 말하지 않는다. 오히려 바울은 우리에게 두렵고 떨림으로 우리 구원을 이루라고 말한다. 그 이유를 정확히 말하자면, 우리 안에서 "자기의 기쁘신 뜻을 위하여 너희에게〔우리에게〕 소원을 두고 행하게"(2:13) 일하시는 분이 하나님이기 때문이다.

또 하나님은 단순히 우리의 의지와 행위에 힘을 주기 위해 일하시지도 않는다. 바울의 표현은 그보다 강하다. 하나님은 친히 우리의 의지와 행위 양측에서 일하신다. 하나님은 우리 안에서, 우리의 행동과 의지의 차원에서 일하신다. 그러나 바울은 **이것이 우리의 노력을 무시하는 것이 아니라 오히려 자극하는 동기가 된다**고 주장한다. 하나님이 그런 식으로 당신의 백성 안에서 일하신다는 확신을 가질 때, 우리는 주님을 기쁘시게 하는 방식으로 원하고 행동하겠다고 더욱 더 굳건하게 결심해야 한다.

여기서 밝히기엔 복잡한 이유들로 인해 서구 사상의 대부분은 바로 이 지점에서 잘못되었다. 하나님의 주권과 인간의 책임이 서로 속해 있다고 성경이 주장하는데도, 우리는 그동안 그 두 가지를 서로 대비하며 제시하는 데 막대한 에너지를 낭비했다. 예를 들어, 예정론과 관련하여 그렇다. 정식으로 배우지 못한 많은 그리스도인은 예정론에 대한 어떠한 개념도 복음 전도에 동기부여가 되지 않을 거라고 생각한다. 누가에 따르면, 바울은 그렇지 않았다. 바울의 인생과 사역에서의 어느 실망스러운 시기에, 하나님은 바울에게 이미 고린도 성에 많은 백성을 '예비해 두셨고' 따라서 바울이 말씀 전파를 통해 그들을 제때에 불러낼 것이기 때문에 계속 인내하고 전도해야 한다고 확신을 주시며 격려하신다(행 18:9-10).

여기서도 그렇다. 하나님이 우리 삶 속에서 계속 은혜롭게 주권적으로 행하시는 사역은, 우리가 두렵고 떨림으로 전진해 나아가게 만드는 동기가 된다. 그리고 또 다시 바울은 우리가 단지 이론적 요점을 갖고 피해버리도록 허락하지 않을 것이다. 일반적 권면에서 구체적인 명령으로 옮겨가는 2장 1-4절에서처럼, 바울은 여기서도 일반적 권고로부터(2:12-13) 구체적인 내용으로 옮겨간다. 바울이 우리에게 두렵고 떨림으로 구원을 이루라고 말할 때 무엇을 의미하는지 그 구체적인 내용을 알기 원한다면, 분명하게 알게 될 것이다. 바울은 세 가지 간단한 요점을 제시한다.

(1) 바울은 다음과 같이 기록한다. "모든 일을 원망과 시비가 없이 하라 이는 너희가 흠이 없고 순전하여 어그러지고 거스르는 세대 가운데서 하나님의 흠 없는 자녀로 세상에서 그

들 가운데 빛들로 나타내며 생명의 말씀을 밝혀"(2:14-16a). 즉, 이기적이고, 불평이 많으며, 자기 연민에 빠진 세상에서 바울이 빌립보서 후반부에서 다룬 주제인 그리스도인의 자족은 특히 두드러진다. 그리스도인이 '생명의 말씀을 드러낼' 때, 거기에는 자기 연민의 흔적이 아니라 신실한 감사와 경건한 찬송을 특징으로 한 삶이 있어야 한다.

(2) 게다가, 부분적이긴 하지만, 그러한 인내를 감수하는 것은 그리스도인 지도자를 기쁘게 하기 위한 것이기도 하다. 이 또한 다음 장에서 더 자세히 다룰 주제다. 거기서 바울은 올바른 그리스도인 지도자를 닮는 것의 중요성에 초점을 둔다. 그러므로 여기서 바울은 빌립보 교회의 지도자들이 살아가는 방식은 "나의 달음질이 헛되지 아니하고 수고도 헛되지 아니함으로 그리스도의 날에 내가 자랑할 것이 있게 하려"고 자원한 헌신이라고 말한다(2:16).

(3) 마지막으로, 그러한 기독교적 인내는 기독교적 제사의 한 형태다. 그것은 지도자의 제사로 하여금 그들의 제사를 보완해 주는 마무리 작업이 되게 한다. 이 주장은 미묘하지만 매우 중요하다. 바울은 이렇게 기록한다. "만일 너희 믿음의 제물과 섬김 위에 내가 나를 전제로 드릴지라도 나는 기뻐하고 너희 무리와 함께 기뻐하리니"(2:17). 이 은유에서 빌립보 교인들의 행위는 근본적으로 "제사"를 형성한다. 그들은 자신을 그리스도께 드린다. 그리고 어떠한 대가를 치르더라도 그리스도를

기쁘시게 하기 위해 헌신한다. 그렇다면 만일 바울이 자기 생명을 포기해야 한다면, 그의 제사는 단순히 그들의 제물 위에 쏟아 부어지는 일종의 전제(libation)가 될 것이다. 그러한 전제는 더 실질적인 제물 위에 부어지지 않는다면 아무 의미가 없다. 그러나 그리스도인으로서의 삶이 바로 그 제물이다. 혹시라도 당할지 모르는 바울의 순교 또는 그가 사도로서 직면하는 고통과 고난과 박해는 그들의 제물 위에 부어질 보충적인 전제가 될 것이다. 바울은 실제로 이렇게 말한다. "만일 내가 고난을 당하거나, 심지어 너희의 절조 있는 자기부인 위에 부어지는 제물이 되어 내 생명을 잃더라도, 나는 기뻐한다. 내가 원하지 않는 것은, 너희 삶에서 그것에 부응하는 아무런 열매도 없이 순교하는 것이다. 내가 아무리 작은 제물을 드리라고 부르심을 받았다 할지라도, 그것은 모든 그리스도인이 드려야 하는 제물을 보충해 주는 마무리이기 때문에 나는 기뻐할 것이다. 그러므로 너희도 나와 함께 기뻐하고 즐거워해야 할 것이나"(2·18 참고).

그러므로 우리는 믿음과 순종의 초기 단계들로 부르심을 받았을 뿐만 아니라, 우리 구원을 이루는 온전한 삶으로도 부르심을 받은 것이다. 이것은 자기를 부인하는 자족, 성숙한 그리스도인 지도자들을 기쁘게 하려는 의식적인 노력, 그리고 더 성숙한 그리스도인 지도자들이 우리의 삶에 부어 준 사역을 승인하고 지지하는 기쁜 제사가 특징이 될 것이다. 그리고 이 모든 것은 십자가에 못박히신 메시아를 따르는 의미를 배우는 것에 지나지 않는다.

간단히 말해서, 우리는 예수님의 죽음을 삶의 기준으로 삼아야 한다.

20세기 위대한 기독교 시인 중 한 명인 에이미 카마이클(Amy Carmichael)은 이 장에 있는 많은 주제를 잘 담아 낸 시 한편을 썼다.

> 주님을 덮치는 바람으로부터
> 피할 수 있게 해 달라고 요청하는 기도로부터,
> 내가 열망해야 할 때 두려움으로부터,
> 내가 더 높이 올라가야 할 때 망설임으로부터,
> 화려한 자아로부터, 오 대장이시여,
> 주님을 따르고자 하는 병사를 자유케 하소서.
>
> 사물을 부드럽게 만드는 미묘한 사랑으로부터,
> 손쉬운 선택, 연약함으로부터,
> (그런 것으로는 영혼이 강해지지 않고,
> 이런 식으로는 십자가에 못박히신 분께서 가지 않으셨다네.)
> 주님의 갈보리를 흐릿하게 만드는 모든 것으로부터,
> 오, 하나님의 어린양이시여, 나를 구원하소서.

내게 주소서, 그 길로 이끌 사랑을,

그 무엇도 낙담시키지 못할 믿음을,

피곤케 만드는 실망이 없는 소망을,

불처럼 태워 버릴 열정을.

나로 가라앉아 버린 진흙덩어리가 되지 않게 하소서.

나를 주님의 연료, 하나님의 불꽃으로 삼으소서.

예수님의 죽음을 삶의 기준으로 삼으라.

3장. 훌륭한 믿음의 지도자들을 본받으라

빌립보서 2:19-3:21

1960년대, 내가 맥길 대학교(McGill University) 학부생 시절의 일이다. 화학과 수학 독서를 하면서 나는 다른 그리스도인 학생 한 명과 기숙사에서 복음주의 성경공부를 시작했다. 둘 다 약간 예민한 탓에, 사람이 많이 올 거라 기대하지 않았다. 그래서 우리는 많아야 한두 명이 올 거라 예상하고 불신자 세 명을 초대했다. 하지만 세 명 모두 나타나자 약간 난감했다. 나는 그런 일을 한 번도 해 본 적이 없었다. 몇 주 만에 내 작은 방은 열여섯 명이나 되는 학생들로 꽉 들어찼다. 하지만 그리스도인은 여전히 두 명뿐이었다. 물론 몇몇 그리스도인은 지켜보면서 굉장한 성황이라고 생각했다. 하지만 나는 완전히 겁을 먹었다. 성경공부는 온갖 종류의 개인적인 토론을 낳았고, 나는 이내 능력의 한계를 느꼈다.

다행히도 캠퍼스에는 데이브(Dave)라는 친구가 있었다. 그는 약간 무뚝뚝한 대학원생이었지만, 자신의 믿음과 성경적인 기독교의 기초에 대해 학생들에게 놀라우리만큼 효과적으로 이야기하는 것으로 유명했다. 가끔 친구들을 데리고 가서 데이브와 잠시 대화를 나누도록 만든 사람은 나뿐만이 아니었다.

아직도 기억나는 일이 하나 있는데, 한번은 성경공부 모임에서 두 명의 학부생 친구를 데리고 산을 내려가 데이브를 찾아갔다. 그는 좀 바빠 보였고, 여느 때처럼 약간 퉁명스러웠지만, 우리에게 커피를 내놓자마자 한 학생에게 질문을 던졌다.

"무슨 일로 나를 만나러 온 거죠?"

그 학생의 대답은 대략 다음과 같았다. "네, 사실 제가 이 성경공부 모임에 참석해 왔는데 기독교에 대해 더 배워야겠다고 생각했거든요. 그리고 불교나 이슬람교, 또 다른 종교들에 대해서도 배우고 싶고요. 제 관점을 넓혀야 한다고 생각하는데, 제가 학부생으로 있는 이 기간이 종교에 대해 탐구할 좋은 기회인 것 같습니다. 그래서 도움을 좀 얻었으면 합니다."

데이브는 잠시 그의 얼굴을 쳐다보더니 이렇게 말했다. "미안하지만, 당신을 위해 내줄 시간이 없군요."

나는 놀라서 입이 딱 벌어졌다. 그리고 그 말을 들은 학생 역시 당황해하며 불쑥 물었다. "다시 말씀해 주시겠어요?"

데이브는 대답했다. "미안합니다. 무례하게 굴려고 한 건 아닙니다. 하지만 제게는 시간이 그렇게 많지 않아요. 나는 책임져야 할 프로젝트를 진행하고 있는 대학원생이에요. 당신이 기독교에 대해 그저 단순한 흥미나 관심 정도만 가지고 있다면,

당신에게 이런저런 것들을 알려주는 데 시간과 노력을 할애해 줄 수 있는 사람이 주변에 틀림없이 있을 거예요. 그런 친구들을 소개해 주거나 책을 몇 권 추천해 줄 수도 있어요. 그리고 정말로 그리스도께 관심이 생겼을 때, 그때 저랑 다시 만나요. 그러나 지금 같은 상황에서는 시간을 내줄 수 없네요."

그는 두 번째 학생에게도 같은 질문을 했다.

첫 번째 학생을 대하는 그의 태도와 답변을 듣고 두 번째 학생은 겁을 집어먹은 것 같았다. 그러나 용기를 내서 대답했다. "저는 당신들이 진보적인 가정이라고 부르는 집안 출신입니다. 저희 집은 당신들의 방식을 믿지 않지만 행복하고 좋은 가정입니다. 부모님은 자녀들을 사랑으로 훈육하셨고, 좋은 모범을 보여 주셨어요. 그리고 우리에게 예의 바르고, 명예를 존중히 여기고, 열심히 공부하라고 격려하셨죠. 아무리 생각해도 저는 자신을 그리스도인이라고 생각하는 당신들이 우리보다 나아 보이지는 않아요. 그 많은 추상적인 신학 말고 저한테 없는 어떤 것을 줄 수 있나요?"

이번에는 데이브가 뭐라고 말하는지 보려고 숨을 죽였다. 다시 한 번 데이브는 몇 초 동안 대화하던 상대를 뚫어져라 쳐다보았다. 그리고 나서는 간단하게 대답했다. "나를 지켜봐요."

또 한 번 깜짝 놀라 입이 벌어졌던 것 같다. 릭(Rick)이라는 이름의 그 학생은 이런 식으로 말했다. "미안합니다만, 무슨 말인지 이해할 수 없어요."

데이브는 대답했다. "그냥 나를 지켜봐요. 원한다면, 와서 나와 한 달 동안만 함께 살아요. 좋으실 대로 하세요. 내가 아침에 일어나서 무엇을 하는지, 나 혼자 있을 때 무엇을 하는지, 내가 어떻게 일하는지, 시간을 어떻게 활용하는지, 내가 사람들과 어떻게 대화하는지, 내 가치관은 무엇인지 지켜보세요. 내가 어디를 가든지 함께 가요. 그리고 한 달이 지난 후 당신과 나 사이에 어떤 차이가 있는지 말해 줘요."

릭은 데이브의 초청을 받아들이지 않았다. 적어도 정확하게 데이브가 말한 대로는 말이다. 그러나 릭은 데이브가 더 훌륭하다는 것을 알게 되었다. 그리고 적절한 때에 릭은 그리스도인이 되었고, 그리스도인 여성과 결혼했다. 그리고 부부가 모두 의학박사가 되어 캐나다와 해외에서 그리스도인의 삶을 살고 있다.

"나를 지켜보세요." 그때 나는 그런 제안이 자아낼 것만 같은 뻔뻔한 오만함에 대해 걱정했다. 동시에 나는 사도 바울의 말을 기억했다. "내가 그리스도의 모범을 따르는 것같이 너희는 나의 모범을 따르라"(고전 11:1, NIV)[1]. 냉정하게 관찰하고 깊이 생각해 보면, 그리스도인의 특성이 대부분 가르쳐서 배우는 것만큼이나 성숙한 다른 그리스도인과의 지속적인 교제를 통해 얻을 수 있음을 확신하게 된다.

일반적으로 일종의 실존적 모방을 통해 배우는 것이 중요한 이유는 모든 차원에서 이미 잘 정립되어 있다. 캐나다 어린이들은 왜 캐나다 억양으로 말하면서 성장할까? 왜 요크셔에서 자라면 요크셔 사람처럼 발음할까? 왜 댈러스에서 자라면 텍사스 사람처럼 발음할까? 우리 모두 그 답을 안다. 누구나 주변 사람들을 모방하면서 자라기 때문이다.

그와 동일한 이유로, 부모들은 자녀가 올바른 친구를 사귀는지 걱정한다. 아이들이 친구를 닮는다는 것을 알기 때문이다. 친구들이 모두 폭력적이거나 상스럽거나 버릇없으면, 아이들도 그렇게 될 확률이 높아진다. 이는 특히 십대 시절에 흔히 일어나는 일이다. 그때가 되면 무의식적으로 엄마와 아빠를 흉내내던 습관은 사라진다. 그럼에도 자기 스스로는 굉장히 독립적이라고 생각하고, 자기 또래들을 닮으려고 열심을 낸다.

심지어 텔레비전도 이런 식으로 작용한다. 텔레비전은 일종의 대리 우정을 제공한다. 어떤 면에서는 텔레비전이 친구보다 낫다. 텔레비전은 절대 말대꾸하지 않는다. 혹여 기술이 발달해 상호 작용할 수 있는 텔레비전이 나와서 말대꾸를 하더라도, 언제든 꺼버리면 된다. 그러나 열여덟 살이 되기 전에 폭력적인 장면을 수천 번도 넘게 본다면, 그것은 성격에 영향을 주게 돼 있다. 날마다 음란물을 본다면, 마음 한구석에서는 성적 방종이 비도덕적이라고 결론 내린다 할지라도, 실제로 인내 수준은 미묘하게 변화되어 있을 것이다. 이젠 더 이상 충격을 받지 않는다. 그리고 많은 사람에게 텔레비전은 일종의 도덕적 '하한선'(bottom line)을 제공한다. 그들에게는 다른 지배적인 준

거점이 없다. 수백만 시청자들이 그러한 영향을 받는다는 점을 감안하면, 텔레비전이 사회에 미치는 영향은 필연적이다. 엄청난 도덕의 붕괴가 뒤따른다.

그것이 바로 현명한 부모들은 텔레비전이 있어도 자신과 자녀들의 시청 시간을 제한하며 또한 자녀들이 시청할 때는 부모 중 한 명이 동석해서 나중에 내용에 대해 이야기하고 평가해야 한다고 주장하는 이유다.

그러나 모방은 세속 영역에만 국한되지 않는다. 우리의 기독교 순례에도 모방은 굉장히 중요하다. 당신은 어떻게 기도하는 법을 배웠는가? 기독교 가정에서 자랐다면, 부모가 기도하는 것을 보면서 기도하는 법을 배웠을 것이다. 아마 당신의 부모님은 잠자리에 들 때 해야 할 몇 가지 매우 간단한 기도문도 가르쳤을 것이다. "이제 잠자리에 듭니다…", 또는 "온유하신 예수님, 부드럽고 온화하신…."

당신이 매우 보수적인 기독교 가정 출신이라면, KJV의 고풍스러운 영어에 많은 영향을 받아서, 6세나 8세에 하게 될 첫 번째 공식 기도는 아마도 다음과 같을 것이다. "복되신 하나님, 우리가 주님께 감사드리나이다. 주님의 아들, 우리의 구주이신 예수 그리스도의 공로로 말미암아, 주님의 자비 가운데, 주님의 은혜를 우리에게 하사하셨습니다." 그러나 만일 기독학생회(UCCF), 네비게이토(Navigators), 대학생선교회(C.C.C.) 등이 있는 대학교에 들어갈 때까지 회심하지 않았고 교회에 대해 아무것도 배우지 못한 채 자랐다면, 당신이 드리는 첫 번째 공식적인 기도는 아마도 다음과 같을 것이다. "예수님, 여기 계신 것에 대해 지금 감사드리기 원합니다." 둘 다 다른 사람에게 들음으로써 기도를 배운 경우다.

모방하기. 우리가 생각하든 안 하든, 모방은 항상 일어난다. 성인의 경우도 마찬가지다. 물론, 성인은 삶의 귀감으로 삼기 원하는 사람들을 고려할 때 선택의 폭이 더 넓다. 그러나 모방은 계속된다. 그것이 바로 광고가 효과를 거두는 이유다. 기업들은 아름다운 금발 여인이나 근육질 남성 모델과 시각적으로 연상하게 해서, 치약, 자동차, 오디오 제품 등을 파는 데 1년에 수십억 원을 쏟아 붓는다. 이것이 효과가 별로 없다면, 기업들은 그런 광고를 하지 않을 것이다. 우리는 "저 치약을 사용하면, 나도 저렇게 보일 거야!"라고 생각할 정도로 순진하지는 않을 것이다. 그러나 내면 깊은 곳에서는, 광고가 대부분의 사람에게 틀림없이 효과가 있다. 그렇지 않으면, 기업들이 광고를 찍는 데 수십억 원이나 지불하지는 않을 것이다.

우리가 모방하는 버릇 중 일부는 솔직히 놀랍다. 내가 젊은 설교자였던 때, 아내가 나타나기 전까지는 어머니가 나의 최고 비평가이셨다. 하루는 내가 설교를 마친 다음에, 어머니가 내게 설교 중에 곁눈질하는 습관이 언제 생겼냐고 물어 보셨다. 나는 무슨 말씀을 하시는지 전혀 모르겠다며 어머니를 안심시켜 드렸다. 어머니는 내가 설교 중에 가끔씩 말을 멈추고 강단에 기대어 서서는 아랫입술을 떨어뜨린 채 곁눈질을 한다고 말씀하셨다.

곰곰이 생각해 보니 그 버릇이 어떻게 생겼는지 기억이 났다. 나와 친했던 어떤 목회자가 매주 나를 따로 만나서 중보기도의 원리를 가르쳐 준 적이 있다. 그 목사에게 바로 그런 습관이 있었다. 나는 그 사람을 존경했다. 그는 가끔 얼굴을 찡그렸는데, 적어도 내 눈에는 그가 뭔가 깊이 숙고하는 것처럼 보였다. 그는 자신의 그런 버릇을 전혀 의식하지 못했을 것이다. 그러나 나는 그것을 보고 배웠고, 그 행동이 결국 회중을 곁눈질하는 것으로 보인 것이다.

그렇다면 새롭게 믿음을 가진 그리스도인이 그리스도인답게 말하고, 생각하며, 사회를 평가하고, 가정에서 그리스도인답게 살며, 복음을 증거하고 이웃에게 베푸는 법을 배우며, 생활하면서 경건한 습관을 기르는 방법은 무엇인가? 물론 성경은 이 모든 주제에 대해 많은 것을 말하고 있다. 많은 신자가 단순히 성경을 읽고 또 읽는 것만으로도 자신의 삶이 변화되는 것을 발견할 것이다. 물론 나는 성령의 강력한 내적 사역을 무시하고 싶지는 않다. 그러나 성령께서는 지극히 평범한 방법들을 사용하신다. 그리고 그 방법들 가운데는 바로 더 경험이 많은 그리스도인에게서 보고 배우는 것이 포함된다.

아무래도 여기서 잠깐 이 도전이 주는 한 가지 요소에 대해 몇 마디 덧붙여야 할 것 같다. 이 요소는 바로 내가 매주 하는 일에 영향을 미치고 있다. 한때는 목회에 헌신하겠다고 우리 학교에 오는 사람들 대다수가 기독교 가정 출신이었다. 그들 대부분은 목사나 선교사들의 자녀였다. 그러나 오늘날은 그런 경우가 점점 줄어들고 있다. 학생들의 배경은 매우 다양하다. 대다수는 이십대가 돼서야 회심을 경험했다. 대부분은 특별한 교회 유산 속에서 성장한 경험이 없었다. 그들 중 일부는 깨어진 가정 출신이다. 적지 않은 수가 한 번쯤은 마약을 경험했다. 우리가 교실에서 그들의 삶에 넣어줄 수 있는 것들로만 자신을 제한한다면, 어떻게 목회 사역을 위해 그들을 준비시키리라고 기대할 수 있겠는가? 오, 그들은 진실한 그리스도인이다. 맞다. 그러나 그들 중 대다수는 너무나 많은 정서적 짐을 지고 있다. 그리고 그들은 성숙한 교회 문화에 대한 경험이 전혀 없다. 신학교 교실에서 지내는 3년은 그 모든 문제를 풀어내기에 부족하다.

  신학대학교와 대학원은 어떤 것들을 아주 잘 해낼 수 있다. 그러니 신학대학교와 대학원이 목사의 최종 학교로 간주되어서는 안 된다. 마지막 다듬질의 대부분은 **지역 교회의 상황 속에서** 훈련되어야 한다. 그런 상황 속에서 초보 목사들은 기독교적 삶, 사역, 설교, 다루기 힘든 사람들과 은혜롭게 교제하기, 다른 사람들의 짐을 지기, 뜨겁게 기도하기, 우는 사람들과 함께 울고 웃는 사람들과 함께 웃기 등을 **성숙한 그리스도인들이 그 모든 영역에서 어떻게 탁월하게 행동하는지 관찰함으로써** 훨씬 더 많은 것을 배우게 된다.

그러므로 문제는 우리가 의식적·무의식적인 모방으로 다른 사람들에게서 배우냐 안 배우느냐에 관한 것이 아니라, 우리가 무엇을 그리고 누구에게서 배우느냐에 관한 것이다. 그리고 이 문제는 우리 앞에 놓인 본문이 훌륭하게 제시하고 있다. 본문 전체가 그것을 암시하고 있으며, 그것은 별개로 다룬 곳에서 명백하게 드러난다. 즉, 3장 17절을 예로 들 수 있다. "형제들아 너희는 다른 사람들과 함께 나를 본받으라 그리고 우리가 너희에게 준 유형을 따라 사는 사람들을 눈여겨보라"(NIV). 이런 구절은 편협한 교리를 제시하는 것이 아니다. 이는 오히려 실존적이며, 우리가 어떻게 사는지와 관련이 있다. 마찬가지로, 바울이 디모데와 에바브로디도를 2장 마지막에서 설명하고, 3장에서 자신의 동기와 습관에 대해 스스로 밝히는 이유 가운데 일부는 바울이 좋은 모범을 세우고 강화하는 데 관심을 두고 있기 때문이다. 자신의 동료들에게 값싼 칭찬을 하기 위해 창피를 무릅쓴 것도 아니고 자화자찬에 빠진 것도 아니다. 그의 목적은 젊고 경험이 적은 그리스도인들이 닮아야 할 분명한 기독교적 귀감을 제시하는 것이다. 그런 모델이 없거나 그 모델을 따르도록 격려받지 못한다면, 그들은 형편없거나 잘못된 또는 심지어 위험한 모델을 따르기 쉽다.

그렇다면 우리는 누구를 따라야 하는가? 어떤 그리스도인이 우리의 모델이 되어야 하는가?

다른 사람들의 안녕에 관심을 두는
사람들을 본받으라 2:19-21

바울은 대단한 칭찬의 말로 디모데를 소개하기 시작한다. "내가 디모데를 속히 너희에게 보내기를 주 안에서 바람은 너희의 안녕(개역개정판은 '사정'-옮긴이)을 앎으로 안위를 받으려 함이니 이는 뜻을 같이하여 너희 안녕(사정)을 진실히 생각할 자가 이밖에 내게 없음이라"(2:19-20, NIV). 바울이 디모데를 보내는 이유 중 하나는 디모데가 돌아올 때 빌립보 교인들이 어떻게 지내는지 알 수 있기 때문이었다(2:19). 그러나 또 다른 이유는 그가 바울의 자세를 정확히 반영하기 때문이었다. 그는 빌립보 교인들의 "안녕을 진실히 생각할"(2:20) 사람이었다. 바울이 "이밖에 내게 없음이라"고 말할 때, 이는 그와 동일한 성숙함을 보여 주는 다른 그리스도인을 보지 못했다는 의미가 아닐 것이다. 오히려 그때 그와 함께 있었던 조력자들 가운데 디모데가 가장 뛰어났다는 의미일 것이다. 즉, 바로 이 특별한 점에서 그 누구도 그에게 필적할 수 없다. 디모데는 다른 사람들의 안녕에 진솔하게 관심을 두고 있다.

리더십에는 다양한 스타일이 있다. 어떤 지도자들은 존경받고 칭찬받는다. 두말할 필요도 없이 그들은 교회가 주로 자신의 은사 때문에 존재하고 번영한다는 인상을 준다. 그리고 교회가 할 수 있는 최소한의 보답은 끊임없이 그들을 추종하는 것이다. 그러나 디모데의 태도는 그렇지 않았다. 디모데는 오히려 그들을 위해 살았다. 그의 진정한 관심은 다른 사람들의 유익이었다.

물론, 이 서신서의 관점에서 볼 때, 이것은 디모데가 바울뿐만 아니라 예수를 따른다는 표지였다. 그리스도 예수께서는 하나님과 동등함을 누리셨지만, 그러한 동등성을 이용할 만한 어떤 수단으로 생각하지 않으시고 오히려 종의 모양을 택하셨다. 예수님은 인간이 되어 순종함으로써 십자가 위에서의 가증한 죽음을 당하셨다. 예수 그리스도를 따르는 자들은 필연적으로 자기 이익, 자기 안위, 자기중심적 태도를 버리는 법을 배운다. 바울은 일반적으로 "그들이 다 자기 일을 구하고 그리스도 예수의 일을 구하지 아니"(2:21) 한다는 것을 안다. 그러나 디모데는 그 좁은 함정을 덮어버렸다.

그렇다면 우리는 누구를 따를 것인가? 현대 그리스도인 가운데 누가 우리에게 훌륭한 모델이 되어줄 것인가? 자신이 아닌 다른 사람들의 안녕에 관심을 두는 사람들을 본받으라. 항상 깨어 있어 이러한 기본적인 그리스도인의 자세, 다른 사람을 돕는 습관을 실제로 보여 주는 그리스도인을 찾아보라. 그들은 결코 자신의 중요성을 과대평가해 뽐내며 지도자의 자리로 걸어가는 사람들이 아니다. 그들은 다른 이들을 기쁜 마음으로 섬긴다. 그들은 아무도 자기에게 인사하지 않는다고 불쾌해하지 않는다. 도리어 다른 사람들에게 문안하느라 바쁘다.

그들은 영적으로, 물질적으로, 정서적으로 선한 일을 행하기 위해 끊임없이 노력한다. 다른 사람들의 안녕을 위해 헌신한다. 그들이 어떻게 행동하고, 말하고, 반응하는지 지켜보라. 그들과 대화하라. 그들의 심장박동을 배우라. 그들을 본받으라. 자신의 안녕이 아니라 다른 사람들의 안녕에 관심을 두는 사람들을 본받으라.

곤경 가운데서
자신을 입증한 사람들을 본받으라 2:22-30

바울은 빌립보 교인들에게 다음을 기억하게 한다. "디모데가 자기를 입증한 것을 너희가 아나니 자식이 아버지에게 함같이 나와 함께 복음을 위하여 수고하였느니라"(2:22, NIV). 이 유비에는 사랑이 가득하다. 산업혁명 이전의 고대 세계에서는 대부분의 아들이 아버지의 직업을 물러받았다. 당신의 아버지가 농부라면, 당신은 농부가 될 가능성이 굉장히 크다. 아버지가 빵 제조업자라면, 당신도 빵 제조업자가 될 확률이 크다. 당신에게 중요한 스승은 바로 아버지다. 당신에게 필요한 기술을 가르쳐 주고, 자신이 알고 있는 모든 것을 점차 전수해 주며, 당신이 알고 책임져야 할 짐을 단계적으로 늘려 주는 사람은 바로 당신의 아버지다.

오늘날은 이런 모습이 비교적 약해졌다. 아이들이 대부분 부모의 직업을 따르지 않기 때문이기도 하지만, 실제로는 부모가 일하는 모습을 보지 못하기 때문이다. 고대 세계에서는 아이들이 부모가 일하는 모습을 지켜봤다. 그리고 옆에서 도우며 기술을 배웠다. 그러나 내 아이들은 내가 가르치는 신학대학원에 함께 출근하지 않는다. 내가 다른 곳에 설교하러 갈 때, 어쩌다 한 번 함께 간다. 아이들이 서재나 도서관에서 나와 함께 오랜 시간을 보내는 경우도 거의 없거니와, 어쩌다 저녁식사 자리에서가 아니라면, 아이들에게 다른 사람들이 내게 요청하는 상담과 조언을 들려 줄 기회도 거의 없다. 그러므로 내 아이들 중 하나가 목회자의 길에 들어선다 해도 그가 내게 배울 것들은 그리 많지 않을 것이다. 이러한 현실은 다른 집도 대부분 마찬가지다.

그러나 바울의 유비는 고대의 모델에 근거를 두고 있다. 디모데는 기독교와 기독교 목회의 기초를 아들이 아버지에게 배우듯 바울에게 배웠다. 디모데는 바울을 자신의 영적 아버지이자 멘토로 섬겼다. 그런 과정에서 디모데는 검증받았다. 바울은 "디모데가 자기를 입증했다"고 기록한다. 그러므로 바울은 전적으로 편안한 마음으로 그를 보낸다. "그러므로 내가 내 일이 어떻게 될지를 보아서 곧 이 사람을 보내기를 바라고"(2:23). 디모데는 바울에게 일종의 전령 역할을 한다. 바울은 자신도 곧 뒤따라 방문하기를 소망한다. "나도 속히 가게 될 것을 주 안에서 확신하노라"(2:24).

그 다음에 에바브로디도가 있다(2:25-30). 이 본문은 바울이 깊은 공감과 긍휼의 마음을 가진 지도자임을 보여 준다. 29절은 놀랍도록 부드럽다. 거기서 에바브로디도는 존경받아야 하는 사람으로 제시된다. "이러므로 너희가 주 안에서 모든 기쁨으로 그를 영접하고 또 이와 같은 자들을 존귀히 여기라."

상황은 어느 정도 분명하다. 시작하는 말은 에바브로디도가 빌립보 출신임을 시사한다. "에바브로디도를 너희에게 보내는(NIV는 '돌려보내는') 것이 필요한 줄로 생각하노니 그는 나의 형제요." 에바브로디도는 빌립보 교회가 바울에게 보낸 사자였다. 바울은 이렇게 기록한다. "너희 사자로 내가 쓸 것을 돕는 자라"(2:25). 에바브로디도는 빌립보 교인들이 바울에게 보내는 연보를 가지고 갔다(4:10, 14-18). 그는 바울의 거처에 도착했을 때, 몸소 일하면서 바울을 섬겼을 것이다. 그러나 이제 바울은 그를 빌립보로 돌려보내고자 한다. 그것은 또한 에바브로디도가 원하는 것이기도 하다. 바울은 그 사실을 인정한다. "그가 너희 무리를 간절히 사모하고 자기가 병든 것을 너희가 들은 줄을 알고 심히 근심한지라"(2:26). 그것은 놀라운 평가다. 에바브로디도는 자신이 아픈 것 때문이 아니라, 자신이 아프다는 것을 그리스도 안에 있는 빌립보 형제자매들이 들었다는 것 때문에 근심했다. 에바브로디도는 동료 신자들이 자기 때문에 걱정할까 봐 근심한 것이다.

아무리 에바브로디도의 태도를 칭찬하더라도, 바울은 에바브로디도가 자신의 병세를 대단치 않게 여기도록 놔두지 않을 것이다. 바울은 빌립보 교인들이 보낸 특사가 겪었던 병의 충격이 심히 컸다는 것을 조심스럽게 설명한다. "그가 병들어 죽게 되었으나"(2:27a). 에바브로디도가 살아난 것은 하나님이 베푸신 특별한 자비로, 에바브로디도에게 뿐만 아니라 깊은 슬픔을 당할 뻔한 바울에게도 특별한 은혜였다(2:27). 바울은 만일 에바브로디도가 자기 곁을 떠났다면 어떻게 할지 상상할 수도 없었다. "그러므로 내가 더욱 급히 그를 보낸 것은 너희로 그를 다시 보고 기뻐하게 하며 내 근심도 덜려 함이니라"(2:28). 즉, 그가 고향에 안전하게 도착해서 빌립보 교인들과 다시 만나는 기쁨을 누린다면, 비로소 자기 마음이 놓일 것이라는 말이다.

간단히 말해서, 그러한 것들이 이 본문의 정황이다. 그러나 바울이 그 문제를 어떻게 설명하는지 주목하라. 그는 에바브로디도에 대해 가장 친밀한 방식으로 묘사한다("나의 형제요 함께 수고하고 함께 군사 된 게", 2:25). 그리고 나서 빌립보 교인들에게 **그런 지도자들을 존경하고 본받아야 할 그리스도인으로 삼으라는 권면으로** 마무리한다. 바울은 이렇게 기록한다. "이러므로 너희가 주 안에서 모든 기쁨으로 그를 영접하고 또 이와 같은 자들을 존귀히 여기라 그가 그리스도의 일을 위하여 죽기에 이르러도 자기 목숨을 돌보지 아니한 것은 너희가 내게 줄 수 없는 도움의 부족함을 채우려 함이니라"(2:29-30, NIV). 즉, 검증되지 않은 벼락출세한 사람이나 혼자 우쭐대는 사람이 아니라, 곤경 가운데서 자신을 입증한 사람들을 본받으라.

우리는 또 이 본문에서 바울이 특별히 선택한 한 단어를 숙고해 보아야 한다. 바울은 "너희가 내게 줄 수 없는 도움의 부족함을 채우려" 에바브로디도가 자기 생명을 걸었다고 말한다. 여기에 '도움'이라 변역된 단어는 이 문맥에서 조금 이상한 단어다. 이것은 더 일반적으로 '종교적 예배'나 그와 비슷한 말로 번역하는(개역개정판은 '섬기는 일'- 옮긴이) 보통 예배에 관해 논하는 상황에서 사용하는 단어다. 그러나 빌립보 교인들이 제공할 수 없었던 '종교적 섬김'의 부족함을 채우기 위해 에바브로디도가 자기 생명을 걸었다고 했을 때, 바울이 말한 것은 무엇일까?

최근 서구 교회에서는 기독교 예배의 본질에 관한 책이나 논의들이 많이 있었다. 어떤 사람들은 좀더 예전적인 예배를 드리기 원한다. 그들은 대개 예전적 전통에 속하지 않은 사람들이다. 반면에 어떤 사람들은 예배가 덜 예전적이기를 원힌다. 그들은 보통 예전적 전통에 속한 사람들이다. '남의 떡이 더 커 보이는' 현상은 이 논쟁에서도 예외가 아니다. 어떤 사람들에게는 예배가 파이프오르간을 의미한다. 또 다른 사람들에게는 기타와 신디사이저를 의미한다. 어떤 사람들에게는 예배가 적어도 100-200년 전에 작곡된 그리고 되도록 길게 울려 퍼지는 찬송을 의미하기도 하지만, 또 다른 사람들에게는 작곡된

지 20년 이내인 곡이 아니면 그 예배는 진정으로 성령께서 이
끄는 신선한 예배가 아니다. 사람들에게 예배가 무엇이냐고 물
을 때, 은사주의자들은 고린도전서 12장과 14장으로 시작하고,
전문 음악가들은 다윗의 찬양대로 시작하며, 성례전주의자들
은 고린도전서 11장과 주의 만찬에 대한 다른 언급들로 시작한
다. 마지막으로 신약학자들은 신약성경에 있는 찬송가 단편들
을 밝혀내는 것으로 시작하는 경향이 있다. 우리 중 대다수에
게 예배(찬양)는 설교 전에 드리는 것이고, 확실히 설교 자체를
포함하고 있지는 않다.[2] 그러므로 우리는 '예배 인도자'와 설교
자를 조심스럽게 구별한다. 예배 인도자는 설교하지 않고, 설
교자는 예배를 인도하지 않는다. 설교 후에 찬양을 조금 더 부
른다면 다시 예배로 돌아간 것이다. 그러나 진정으로 성경적인
예배 신학을 세워 보려고 노력해 온 사람들은 거의 없다.

한 가지 예외는 데이비드 피터슨(David Peterson)의 책이다.[3]
그는 옛 언약 아래에서 예배와 그와 관련한 모든 단어(제사, 기
도, 경배, 찬송, 봉사, 제사장)를 가지고, 예배가 무엇보다 장막, 그
다음에는 성전과 관련이 있다고 바르게 지적한다. 그러나 신약
으로 오게 되면, 예배 용어는 그렇게 좁은 범위로 제한되지 않
는다. 즉, 성만찬이나 교회의 공적 모임에 제한되지 않는다. 새
언약 아래에서의 예배 용어는 놀랍게도 삶의 모든 것과 관련돼
있다. 로마서 12장 시작 부분의 유명한 본문이 바로 이 점을 다
루고 있다. "그러므로 형제들아 내가 하나님의 모든 자비하심

으로 너희를 권하노니 너희 몸을 하나님이 기뻐하시는 거룩한 산 제물로 드리라 이는 너희가 드릴 영적 예배니라"(롬 12:1). 신약성경에서, 모든 진정한 신자는 왕 같은 제사장이 된다. 로마서 15장에서 예배는 전도와 연결된다. 예수님은 성전이 있는 예루살렘이든 사마리아에 있는 그리심이나 에발 산이든, 예배는 더 이상 지정학적으로 한 장소나 또 다른 장소에서 드리는 종교적 의식과 관련이 없다고 친히 가르쳐 주셨다(요 4장). 오히려 아버지께서는 성령과 진리로 당신을 예배하는 사람을 찾고 계신다. 다른 곳에서와 마찬가지로, 여기에서 예배는 삶의 모든 것과 모든 장소를 포함한다. 예배는 자신의 삶과 시간과 에너지와 몸과 자원을 하나님께 계속해서 드리는 것이다. 그것은 매우 깊은 의미에서 하나님 중심적이다. 진실한 그리스도인에게는 예배드리지 않는 때가 있어서는 안 된다는 말이다.

그러므로 제대로 배운 그리스도인이라면, 함께 모여 예배드린다는 말이 그 주간의 나머지 시간 동안에는 예배드리지 않다가 예배드리는 의무를 이행하기 위해 일요일 일정한 시간에 모이는 것을 의미한다면, 함께 모여 예배드리자는 말을 하지 말아야 한다. 그리스도인에게 예배는 사람의 모든 것을 포함한다. 그러나 당신은 그리스도인들이 함께 모였을 때 예배드리지 않는다거나 예배드리지 않아야 한다는 말이냐고 되물을 것이다. 어떤 사람들은 그리스도인들의 공동체 모임은 예배를 위한 것이 아니라 주로 교육을 위한 것이라고 제안하기도 했다. 그러나 그 또한 핵심을 놓친 것이다. 내 말은 우리가 각자 한 주간 내내 예배드리다가 함께 모였을 때는 예배드리지 않아야 한다는 의미가 아니다! 우리는 오히려 한 주 내내 각자 개인적으로 예배드린 것처럼, 함께 모였을 때는 공동체로서 예배를 드린다. 이 공동체 예배는 함께 부르는 찬양, 상호 교화(edification), 말씀과 기독교 진리 안에서의 가르침, 그리스도께서 남기신 것들을 기억하며 그분의 죽음을 송축하기 등을 포함한다. 그러므로 설교 그 자체가 **예배**다. 설교는 공동체 예배의 한 부분이며 예배의 표식이자 예배에 대한 깊은 동기다.

이것이 적어도 예배에 대한 신약성경 사상의 일부다. 일단 이것을 올바르게 소화한다면, 파이프오르간이나 기타에 대해 토론하는 것이 의미 있을 것이다. 그러나 예배의 주제에 대해 성경이 말하는 것을 소화하기 전에는, 그런 논의가 미성숙한 것이 되기 쉽다.

예배에 대한 이러한 새 언약적 강조의 맥락에서, 바울이 빌립보 교인들에게 말할 때 특별한 단어를 선택한 이유가 상당히 분명해진다. 에바브로디도는 그리스도의 일을 하다가 거의 죽을 뻔했다. "죽기에 이르러도 자기 목숨을 돌보지 아니한 것은 너희가 내게 줄 수 없는 **경건한 섬김**의 부족함을 채우려 함이니라"(2:30, 저자의 번역). 빌립보 교인들은 바울을 개인적으로 도와주고 싶어 했을 것이다. 그러한 모든 도움을 바울은 '경건한 섬김'으로 보았다. 그것은 하나님 중심의 삶, 하나님 중심의 섬김, 하나님께 끊임없이 올리는 제사로서 자신을 드리는 삶의 일부다. 그들의 도움이 돈이든, 기도든, 정신적 격려든, 구체적인 전도든, 바울에게 제공한 다른 어떤 도움이든 간에, 바울은 그것을 그들의 섬김, 즉 그들의 예배의 한 요소라고 보았다. 그리고 만일 그런 섬김을 개인적으로 수행하기에 너무 멀리 떨어져 있다면, 그들은 기뻐하며 사절을 보냈다. 그 사절의 '경건한 섬김', 그의 '예배'는 바로 자신의 목숨을 담보로 하는 것이었다.

이렇듯 목숨에 대한 위험이 박해로 인한 것이라는 암시는 전혀 없다. 아마 에바브로디도는 어떤 일반적인 유행성 질병 때문에 몸져누웠을 것이다. 반면에 그가 에게 해안에서 집에 남아 편안히 쉬었다면, 병에 걸리지 않았을 것이다. 목숨을 잃을 뻔하면서까지 로마로 간 것은 바울을 돕고 복음을 진전시키고자 하는 에바브로디도의 헌신 때문이었다. 그리고 이 모든 것은 '경건한 섬김'과 관련이 있다. 즉, 여기서 예배는 바울을 돕는 일인 동시에 하나님께 드리는 제사다. 그리고 에바브로디도가 바울에게 제공했던 것 중 어떤 것도 일요일 오전 11시에 드리는 예배와는 관련이 없다.

예배에 대한 그런 관점은 우리가 일요일 아침에 드리는 공동예배를 무시하기 위한 의도가 아니다. 오히려 그것은 하나님의 복음에 신실하고 기쁨으로 순종하는 가운데 삶의 매순간을 살도록 보증하기 위한 것이다. 그 결과 우리가 일요일 아침이나 그 어떤 다른 시간에 함께 모였을 때 공동으로 예배드리는 것은 각자 하나님을 체험한 것이 흘러넘치는 시간이며, 그분의 말씀을 상고하고 찬양과 감사를 표현하며 주님과의 그리고 성도 간의 사랑이 더 깊어질 때 주님에 대한 기쁨을 새롭게 누리는 공간이다.

그러나 우리는 새로운 언약 아래에서는 예배가 삶의 모든 것과 연관되어 있다는 점을 깨달아야 한다. 우리는 하나님의 은혜 아래서 전인적으로 산다. 우리가 행하는 모든 일은 하나님 중심적이 되든지 아니든지 둘 중 하나다. 우리가 하나님 중심적이라면, 하나님의 말씀과 방법은 우리에게 소중하다. 그리고 우리의 모든 삶은 예배가 된다. 하나님 중심적이지 않다면, 우리는 하나님을 거역하는 것이며 우리가 행하는 그 어떤 것도 진정한 예배가 아니다.

이런 사실이 내가 말하는 요점에 중요한 이유는 성숙한 그리스도인의 삶은 하나님께 자기희생적 제사를 드리는 태도, 특히 복음의 증진에 있어서뿐만 아니라 다른 신자들의 안녕을 위하는 태도와 뗄 수 없는 관계에 있기 때문이다. 검증되지 않은 벼락출세한 사람이나, 스스로 우쭐대는 교만한 사람이 아니라, 곤경 가운데서 자신을 입증한 사람들을 본받으라.

나는 오래 전에 젊은 그리스도인들에게 다음과 같은 충고를 해주던 그리스도인 지도자를 지금도 생생히 기억하고 있다. 그는 진지한 태도로 말했다. "기독교 리더십에서 가장 중요한 것

가운데 하나는 자신의 약점을 절대로 인정하지 않는 것이다. 만일 너희가 약점을 인정한다면, 다른 사람들은 그것을 이용할 것이며 너희는 결국 해를 입을 것이다." 충격적이다! 당연히 그리스도인이 자신의 약점을 인정해야 하는 다양한 영역이 있다. 바울이 고린도후서 12장에서 그리스도의 능력이 자신 안에서 온전해지기 위해 자신의 약함을 '자랑하는' 것을 배웠다고 주장할 때, 그것이 바로 바울의 방침이 아니던가!

  동일한 본문에서 바울은 자신의 영적 체험에 대해 언급하는 것을 스스로 제한한다. 그것은 바로 사람들이 자신을 너무 대단하게 생각할까 봐 두려워했기 때문이다. 만일 평가를 받아야 한다면, 그는 아무도 검증할 수 없는 영적인 체험에 근거한 주장이 아니라 공적 영역에서 자신의 말과 행동으로 평가받기를 원한다(고후 12:5-6). 주목할 만한 것은 바울이 우리와 다른 자세를 취하는 모습이다. 오늘날 많은 그리스도인, 심지어 기독교 지도자들도, 사람들이 자신을 알아주지 않을까 두려워하며 살아간다. 다른 사람, 특히 연배가 낮은 사람이 자신보다 더 칭찬을 받으면 사람들은 순간적으로 예민해진다. 그러나 바울은 사람들이 자신을 너무 대단하게 생각하지나 않을까 두려워하는 삶을 산다. 그와 같은 지도자를 따르라! 그는 곤경 가운데서 자기를 입증했다. 검증되지 않은 벼락출세한 사람이나, 스스로 우쭐대는 교만한 사람이 아니다. 그런 지도자를 본받으라.

예수 그리스도만을
신뢰하고 자랑하는 사람들을 본받으라 3:1-9

우리가 가진 대부분의 영어 번역본에 따르면, 바울은 "끝으로 나의 형제들아"라는 말로 시작한다. 그 "끝으로"라는 단어 때문에 설교자들에 대한 농담이 많다. 한 아이가 자기 아빠에게 설교자가 "끝으로"라고 말할 때 그 의미가 무엇인지 물었다. 그러자 아이의 아버지는 "아무 의미도 없어"라고 중얼거렸다고 한다. 성경을 의심하는 데 열심을 내는 어떤 비평가들은 바로 이 '끝으로'라는 단어가 사도 바울이 빌립보서를 한 번에 쓴 것이 아니라 여러 자료를 짜깁기한 것임을 보여 준다고 주장한다. 그 자료 중 '끝으로'라는 단어로 시작하는 이 단락이 본문에서 결국 이곳에 위치한 것이라고, 어느 서투른 편집자가 이 단락을 지금의 위치에 잘못 집어넣어서 그 결과 말이 안 되는 상황이 되었다고 말이다.

실제로 우리가 보통 사용하는 번역본들은 우리에게 불필요한 어려움을 주었다. 여기에 사용한 헬라어 단어는, 헬라어 후기 시대에 와서는 우리가 '그렇다면'이라고 쓰는 말처럼 느슨하게 사용되는 연결사 역할을 했다. 바울은 지금 2장 17-18절에서 소개한 기쁨이라는 주제를 다시 이어가고 있다. 거기서 바울은 그들의 자기희생 위에 부어지는 일종의 전제로서 자신을 드릴 준비가 되어 있기 때문에, 그들 모두와 함께 기뻐하고 즐거워하며 그들도 자신과 함께 기뻐하기를 원한다고 고백한다. 바로 이어지는 절들에서 바울은 두 조력자인 디모데와 에바브로디도에 대해 말했다. 그들은 바울과 마찬가지로 다른 사람들을 위해 기꺼이 고난을 받으려는 의지를 보여 주었다. 그러한 자세는 아이러니하게도 기쁨을 가져온다. 이제 바울은 말한다. "끝으로 나의 형제들아 주 안에서 기뻐하라"(3:1a).

이는 매우 과도기적인 언급처럼 들린다. 뒤이어 따르는 절들에서 바울은 가장 강력한 표현으로 몇몇 거짓 선생에 대해 경고하지만, 부분적으로 논점은 여전히 그리스도를 아는 지식을 추구하기 위해 세상과 자기 이익이 추구하는 것들을 내려놓는 그러한 자원함에 초점을 둔다. 그러나 바울의 관점에서 볼 때, 이것은 너무나 훌륭한 특권이므로, 자기부인으로 시작했지만 결국에는 사려 깊은 그리스도인들이 어떤 식으로든 행하기를 원하는 것이 된다. 예수 그리스도를 아는 것보다 더 좋고, 더 멋지고, 더 누릴 만한 것은 없기 때문이다.

바울은 이전에 빌립보 교인들에게 그 사실들을 언급했다. 그래서 지금 "너희에게 같은 말을 쓰는 것이 내게는 수고로움이 없고 너희에게는 안전하니라"(3:1b)라고 쓴다. 바울이 '같은 말'이라고 언급한 것은 그가 빌립보서에서 이미 한 말이 아닐 것이다. 이어지는 절들과 바울이 이미 이 서신서에서 쓴 내용 사이에 실제로 비슷한 대구를 이루는 것은 전혀 없다. 아마 바울은 이전에 그들에게 가르쳤던 내용을 언급했을 것이다. 영적인 문제에 대해 어느 정도 복습하는 것은 분명 유익하다.

그래서 바울은 이것을 다시 짚어주기 시작한다. "개들을 삼가고 행악하는 자들을 삼가고 몸을 상해하는 일을 삼가라 하나님의 성령으로 봉사하며 그리스도 예수로 자랑하고 육체를 신뢰하지 아니하는 우리가 곧 할례파라"(3:2-3). 이는 강력한 표현이다. 바울은 지금 자신이 세운 교회에서 반복적으로 재발하는 어떤 문제에 대해 언급하는 것이다. 경건한 유대인 가운데 상당수는 예수님이 약속하신 메시아라는 사실을 믿을 준비가 되어 있었다. 그러나 그들은 이방인들에게 이 메시아 예수를 받아들이려면 먼저 유대인이 되어야 한다고 가르쳤다.

그것은 곧 이방인들이 할례를 받고 모세의 율법을 지키는 의무를 받아들이는 것을 의미했다. 달리 말하면, 그들은 기독교를 마치 유대교의 한 분파처럼, 유대교에 뭔가를 추가한 것으로 생각했다.

바울의 관점은 그들과 달랐다. 바울은 그들이 히브리어 성경, 즉 구약 성경을 오해했다고 주장한다. **구약 성경은 예수님이 오심으로써 완성되는 어떤 신앙적 준수 체계가 아니다. 오히려 구약은 예수님의 오심을 예측하고 고대하며 공표한다.** 예수님의 강림이 바로 궁극적인 소망이다. 이러한 관점에서 보면, 구약의 성전에 많은 기능이 있었지만, 가장 중요한 기능 중 하나는 '성전'이 되실 예수님을 가리키는 것이었다. 즉, 그 성전은 가장 지고한 제사 장소이며, 하나님과 그분의 백성이 만나는 최고의 장소다(요 2장). 구약의 제사장 제도는 '멜기세덱의 반차를 따르는' 최고의 대제사장을 고대한다(히 5-7장). 궁극적으로 제사들은 결코 죄를 없애지 못하는 소나 염소의 피가 아니라 직접 자신의 피를 흘려주실 분을 기대한다(히 9:11-28). 유월절은 죽음의 천사가 유월절 어린 양의 피를 두 문설주와 문 인방에 바른 사람들의 집을 '넘어간' 그 축복된 밤을 되돌아 볼 뿐만 아니라, 바울이 주장한 것처럼, 우리를 위해 희생하신 유월절 어린양 그리스도(고전 5:7)를 내다보기도 한다.

많은 보수적인 유대인이 볼 때, 언약에 들어오는 표시는 할례였다. 그것이 바로 할례가 그들에게 그토록 중요한 문제였던 이유다. 이방인이 그리스도인이 되기 전에 유대인이 되어야 한다면, 그들은 그리스도인이 되기 전에 할례를 받아야 한다. 이것을 뒤집어 말하면, 유대인들이 이방인 그리스도인들에게 할례를 받아야 비로소 제대로 된 그리스도인이 될 수 있다고 말할 때, 실제로는 할례 의식을 치르고, 고대 유대인의 율법 아래서 살겠다고 엄숙하게 서약하기 전에는 복음의 축복, 그리스도 예수의 축복을 진정으로 누릴 수 없다고 말하는 것이다. 그러나 바울의 요점은 그런 식으로 주장하는 사람들은 구약 성경이 할례에 대해 말하는 진정한 의미를 이해하지 못했다는 것이다. 구약 성경의 저자들은 이미 마음의 할례가 문자적 할례보다 중요하다는 것을 분명히 했다(예를 들어, 신 10:16; 30:6; 렘 9:25; 겔 44:9). 바울은 여기에 동의하면서도 한걸음 더 나아간다. 예수 그리스도께서 시작하신 새 언약의 조건 아래에서, 육체의 할례는 더 이상 언약 공동체에 들어가는 표시가 아니다. 그리스도인, 즉 새 언약의 신자를 구별하는 특징은 우리가 율법 조문이 아니라 성령으로 인한 마음의 할례를 받는 것이다(롬 2:29).

이것이 바울이 직면한 도전의 배경이다. 바울이 어떤 마을이나 도시에서 복음을 전한 후 복음이 필요한 다른 곳으로 옮겨 가면, 종종 다른 유대인들은 그의 길을 뒤쫓아 와서 진정한 그리스도인이 되려면 먼저 할례를 받고 모세의 율법을 받아들일 준비가 되어 있음을 보여 주어야 한다고 바울의 새 회심자들을 설득하려 했다. 그런 사람들이 빌립보에 도착해서 교회에 문제를 일으키기 시작했든지 바울이 그들이 올 것을 예상하고 그들이 끼칠 위험을 염려했든지, 바울은 빌립보 교인들에게 그들에 대해 경고하고, 빌립보 교인들을 건전한 정보로 무장시켜서, 빌립보 교인들이 그 거짓 선생들의 공격을 견딜 수 있게 했다.

"개들을 삼가고 행악하는 자들을 삼가고 몸을 상해하는 일을 삼가라"(3:2). 바울의 논지는 비록 많은 보수적 유대인이 자신을 '할례파'라고 말하고 이방인들을 불결한 '개들'이라고 말하고 있지만, 실제로는 예수 그리스도를 거부함으로써 그들이 스스로 '개들'이 되었다는 것이다. 그리고 구속사 안에서 할례의 적절한 위치를 넘어서 특권을 주장한다면, 그들이 자랑하는 할례는 신체 훼손에 불과한 것이다. 특히 그리스도를 상대적으로 취급하고 그리스도가 구약의 모형과 모범의 성취라는 사실을 깨닫지 못한다면, 할례는 오히려 확실하게 '악한 것'이 된다. 사실은 "우리가 곧 할례파"(3:3b)이기 때문이다. 물론, 육체의 할례가 아닌 복음에 의해 변화된 삶과 마음의 할례다. "하나님의 성령으로 봉사하며 그리스도 예수로 자랑하고 육체를 신뢰하지 아니하는" 사람이 바로 우리다(3:3a).

바울은 자신이 옛 언약이 물려준 영적인 지위, 훈련, 규율이라는 특권을 전혀 누리지 못했기 때문에 답답하기라도 한 것처럼 억압된 질투심에 그런 말을 하는 것이 아니다. 전혀 그렇지 않다. 마음만 먹으면, 그는 자신이 누린 다양한 형태의 종교적 '확신'에 대해 얼마든지 자랑할 수 있었다. "나도 육체를 신뢰할 만하며 만일 누구든지 다른 이가 육체를 신뢰할 것이 있는 줄로 생각하면 나는 더욱 그러하리니"라고 바울은 기록한다(3:4). 그리고 나서 생각한 목록을 적는다. 그것은 주후 1세기 일부 보수적 유대인 무리 안에서 매우 인정받을 만한 것들이다.

우선 바울 자신이 나은 지 8일 만에 할례를 '받았다'고 말한다. 그는 할례를 받은 순수 혈통이 유대인이자 언약적으로 이스라엘 백성에 속해 있다. 그뿐 아니다. 바울은 다윗 왕조에 반역하지 않았던 유일한 두 지파 중 하나인 베냐민 지파 출신이다. 문화적으로 바울은 "히브리인 중의 히브리인"이었다. 비록 다소에서 태어나고 그레코로만(Greco-Roman) 문화에 철저하게 익숙했지만, 그는 예루살렘에서 교육을 받아 그 틀을 형성했으며, 자신의 민족적·신앙적 유산이 준 언어와 문화에 빠져 있었다. 다양한 유대교 '분파'나 당, 그리고 모세의 율법을 어느 정도로 지키는지에 대한 그들의 다양한 입장에 관한 한, 바울은 엄격하게 훈련받고 배웠으며 널리 존경 받았던 바리새인으로 양육되었다. 바울은 이름뿐인 바리새인이 아니었다. 그는 이제 막 태동한 기독교 공동체의 주장에 대해 정통했고, 정통한 만큼 그것을 무시하지 못할 위협으로 간주해 열정을 갖고 기독교를 뒤쫓아 가며 박해했다. 실제로 율법 아래서의 의(헬라어와 관련하여 NIV의 "율법의 의"보다 나은 번역)의 모든 범위에서, 바울은 솔직히 말해 "흠이 없는" 자였다(3:6b). 이 말은 바울이 죄 없이 완전했다는 의미가 아니다. 전혀 그렇지 않다. 율법은 죄에 대한 치료책을 제공했다. 특정한 제사를 규정하고, 자신과 백성들의 죄를 속하기 위해 매 '속죄일'마다 지성소에서 짐승의 피를 뿌리는 대제사장이 선포하는 하나님을 찾도록 신실한 젊은 유대인들을 가르쳤다.

바울은 조심스럽게 이 모든 신앙생활의 유형을 따랐다. 그는 전적으로 모범적이었다.

바울은 기록한다. "그러나 무엇이든지 내게 유익하던 것을 내가 그리스도를 위하여 다 해로 여길 뿐더러"(3:7). 대변(credit column)에 있던 모든 것이 차변(debit column)으로 옮겨졌다. 이제 그리스도께서만 유일하게 대변에 서 계신다.

그리고 나서는 자신의 논지가 아직 충분한 설득력이 없을까 두려워, 바울은 더욱 더 강력한 언어로 호소한다. "또한 모든 것을 해로 여김은 내 주 그리스도 예수를 아는 지식이 가장 고상하기 때문이라 내가 그를 위하여 모든 것을 잃어버리고"(3:8a). 바울은 정말로 그것들을 잃어버렸다. 그는 이전의 친구들과 지적인 동료들에게 무시당했다. 그는 가정이 주는 안정감을 버리고, 고정된 숙소도 없이 항상 돌아다니는 여행자가 되었다. 바울이 견뎌낸 다양한 고난을 정리하면 놀라운 목록이 된다(고후 11:23-29을 보라). 그는 이것들 중 그 어느 것도 불평하는 식으로 언급하지 않는다. 만일 이 행들이 때로 자기 연민에 빠지는 바울을 드러낸다고 결론 내린다면, 우리는 바울을 최악의 방식으로 전하는 것이다. 자신이 빼앗겼던 것들에 관하여 바울은 침착하게 언급한다. "배설물로 여김은 그리스도를 얻고 그 안에서 발견되려 함이니, 나는 율법으로부터 온 내 자신의 의를 가지고 있지 않고 오직 그리스도를 믿음으로 말미암은 것 곧 믿음으로 하나님께로부터 온 의를 가지고 있노라"(3:8b-9, NIV).

그렇다면 여기서 바울은 자신의 근본적인 가치관을 밝히는 것이다. 한 편에는 그가 배우고 훈련받은 유대교의 특권 세계를 포함해 세상이 제공하는 모든 것이 있다. 또 다른 편에는 예수 그리스도를 "믿음으로 하나님께로부터 온 의"가 있다. 바울은 경쟁이란 있을 수 없다고 주장한다. 예수님과 예수님이 획득하신 하나님으로부터 난 의는 비교할 여지가 없는 선택이다.

여기서 잠시 멈추고, 바울이 왜 이런 판단을 내리는지 깊이 생각해 봐야 한다. '의'라는 단어는 동등하게 '칭의'로 번역할 수 있으며, 종종 그렇게 번역한다. 일부 비평가들의 비판의 목소리에도 불구하고, 바울 서신에서 그 단어는 당신의 아들의 죽음 때문에 하나님이 어떤 사람을 '의롭다'거나 '올바르다'고 선언하심을 종종 의미한다.

바울은 재빨리 그리고 암시적으로, 이 '칭의' 또는 '의'에 대해 세 가지 논지를 설명한다. (1) 그것은 '하나님에게서 온다.' 다시 말해 그것은 하나님의 선물이다. 그것은 하나님이 죄인들을 위해 당신의 아들을 보내 죽게 하셨기 때문에 얻게 되었다. (2) 그것은 '믿음으로' 얻는다. 다시 말해, 그것은 '그리스도를 믿는 믿음을 통해' 얻는다. 그것을 받는 수단은 믿음이며 그 믿음의 대상은 그리스도이시다. (3) 이러한 '의'는 바울이 율법을 지킴으로써 얻을 수 있었던 것, 즉 '율법에서 온 내 자신의 의'(3:9b) 위에 놓여 있다.

바울은 옛 언약 아래에 있는 사람들은 실제로 그 약정들을 지킬 의무가 없었다거나 당시에는 아무도 하나님 앞에서 의로울 수 없었다고 생각하지 않는다. 그보다는 오히려 이제 그리스도 예수께서 오셔서 율법이 성취됐으므로, 바울은 율법의 법적 요구를 새로운 방식으로 본다. 바울은 옛 언약 아래에서라도 인간은 믿음을 통해 하나님의 은혜로 구원받았다는 입장을 견지한다. 다만 옛 언약 아래에서 그러한 믿음은 언약에 대한 순종을 통해 나타났다. 바울은 순종을 평가 절하하지 않는다. 그는 기독교 이전 시대에 자신을 포함한 많은 유대인이 율법을 하나님이 원래 의도하시지 않은 방식으로 생각했다고 주장하고 있다. 그들은 율법을 메시아의 오심과 죽음으로 획득되며 하나님에게서 오는 의를 위한 예비 작업의 하나로 보는 대신에, 갈수록 더 하나님 앞에서 '의로워지는' 근거로 삼았다.

우리가 살펴본 것처럼, 몇몇 사람이 이방인들이 온전한 그리스도인이 되려면 먼저 율법 전체를 지키는 데 헌신해야 하며 또한 그것을 상징하는 것이 할례라고 주장한 이유가 바로 이 때문이다(앞의 3:2-3을 보라). 바울은 여기에 동의하지 않는다. 바울이 볼 때, 믿음으로 하나님에게서 오는 의를 받음으로써 그리스도를 얻는 것에 비하면 다른 모든 것은 배설물과 같다. 바울은 칭의를 그리스도의 죽음으로 획득되고 믿음을 통해 주어지는 하나님의 단어로 이해한다. 하나님은 아들의 죽음을 통해 나를 보시고, 나를 의롭다고 선언하신다. 바울은 하나님의 우주에서 가장 중요한 것은 하나님을 아는 것이라는 사실을 인식한다. 하나님의 판결만이 중요한 최후의 심판을 향해 내달리는 역사의 흐름 안에서, 심판자이신 창조주 하나님이 의롭다고 선언해 주시는 것은 필연적으로 인간이 상상할 수 있는 그 무엇보다 소중한 가치가 있다. 그것은 교회, 학문, 사회, 물질적 부, 사적인 영역 등 세상이 주는 모든 월계관을 다 받는 것보다 훨씬 더 중요하다. 하나님에게서 오는 그 의가 구속사의 바로 이 지점에서 그리스도를 얻고 그리스도 안에서 발견되는 것에 절대적으로 달려 있기 때문에(3:8-9), 바울은 다른 무엇보다 그리스도를 얻고 그리스도 안에서 발견되기를 원한다. 다른 모든 것은 단지 배설물일 뿐이다.

그렇다면 3장의 흐름 속에서, 바울은 적어도 부분적으로는 빌립보 신자들이 다른 무엇에서가 아니라 오직 그리스도 예수 안에서만 한결같은 신뢰와 자랑을 삼는 사람들을 닮아야 한다고 주장하기 위해 이러한 논지들을 강조한다. 추측건대, 이 책을 읽는 사람들은 대부분 자신의 유대인 혈통, 고대의 인종적 권리나 종교적 유산을 자랑하려는 유혹을 크게 받지 않을 것이다. 그러나 여전히 우리는 그보다 덜 중요한 것들을 자랑하려는 유혹을 받을지도 모른다. 재산, 지위, 교육, 안정된 정서, 가족, 정치적 성공이나 사업적 성공 아니면 교파적 연합, 그리고 심지어 우리가 어떤 성경 번역본을 사용하는지에 대해서도 자랑하고 싶어 한다. 그와 같은 사람들을 조심하라. 그들은 자신들이 속해 있는 작은 집단 밖에 있는 다른 모든 사람을 어느 정도 열등하게 여기는 경향을 가지고 있다. 그러다 보면 부지불식간에 때로는 심지어 악의적으로 자신들이 자랑하는 것이 그리스도 예수 안에 있는 믿음과 그리스도 안에서 누리는 기쁨보다 중요할지도 모른다고 생각한다.

그 대신 **언제나 예수 그리스도만을 신뢰하고 자랑하며 기뻐하는 사람들을 둘러보라. 예수님이 그들의 예배의 중심이고, 감사의 중심이며, 사랑과 소망의 중심이다.** 의심할 여지없이, 우리는 그 다음에야 상대적으로 주변 문제들에 대해 때때로 논의해야 할 것이다. 그러나 우선 첫째로, 다른 그 무엇이 아니라 오직 그리스도 예수 안에, 한결같은 신뢰와 자랑을 두는 사람들을 본받으라.

영적으로 끊임없이 성장하는 사람들을 본받으라 3:10-16

10절은 오늘날 그리스도인들이 자주 인용하는 구절이다. 놀라운 것은, 거의 30년 넘게 그리스도를 알았던 바울이 이 구절을 썼다는 사실이다. 비록 바울은 "내가 그리스도를…알고자 하여"라고 기록하지만 분명 그는 그리스도를 알고 있다. 바울이 의미하는 것은 그리스도를 더욱 더 알기 원한다는 것이다. 당신이 누군가를 사랑한다면, 당신은 적어도 어느 정도 그 사람을 알고 있다. 그러나 그 사람을 사랑한다면 반드시 그 사람에 대해 더욱 더 알고 싶어진다. 행복한 결혼은, 결혼이 지속되는 한, 서로를 더욱 더 발견하게 된다.

그것이 바로 바울이 예수님을 바라보는 관점이다. 예수 안에 있는 부요함은 끝이 없다. 우리는 영원토록 예수님을 더 알아갈 것이며, 예수님을 아는 것이 곧 하나님을 아는 것이기에 그 탐구가 영원하고 무궁무진함을 깨달을 것이다. 또한 우리가 그러한 순례를 하는 동안 예수 그리스도를 더 아는 것이 우리의 의무이자 기쁨이라는 것도 알게 된다.

바울은 다음과 같이 말한다. "내가 그리스도와 그 부활의 권능과 그의 고난을 나누는 교제를 알고자 하여 그의 사망 안에서 그와 같이 되여"(3:10, NIV). 이것은 무엇을 의미하는가?

바울의 표현에서 '그 부활의 권능'은 예수님을 죽은 자 가운데서 일으키신 하나님의 능력이다. 바울에 따르면, 그 '비교할 수 없이 큰 능력'(엡 1:19), 예수님을 죽은 자 가운데서 일으키신 능력은 우리를 거룩하게 하고, 우리를 예수님이 거하시기에 합당한 장소로 만들며, 우리를 향한 하나님의 무한한 사랑을 이해하고(엡 3:14-19) 항상 감사함으로 사는 위대한 인내와 믿음을 가질 수 있도록 우리를 강건하게 하기 위해(골 1:11-12), 우리 안에서 역사하신다.

우리가 그와 같이 변화되기 위해서는 특별한 능력이 필요하다. 사실, 그것은 다름 아닌 예수님을 죽은 자 가운데서 일으키신 하나님의 권능이다. 그렇다면 바울이 원하는 것은, 우리가 능력이 있다고 생각하게 만드는 능력이 아니라, 우리를 하나님의 뜻에 따르게 하는 능력이다. 오직 예수님을 사망에서 건진 능력만이 그렇게 할 수 있다.

그것이 바울이 원하는 전부는 아니다. 바울은 '그의〔그리스도의〕 고난을 나누는 교제'를 원한다(3:10). 우리가 1장에서 고찰해 본 '교제'나 '참여'(partnership)라는 단어가 여기에 다시 등장한다. 바울은 예수님이 행하신 것처럼 고난을 체험함으로써, 그리스도의 고난에 참여하고 그리스도를 더 알게 되기를 원한다.[4] 결국 앞에서 "그리스도를 위하여 너희에게 은혜를 주신 것은 다만 그를 믿을 뿐 아니라 또한 그를 위하여 고난도 받게 하려 하심이라"(1:29)라고 쓴 사람은 바로 바울 자신이다. 분명 바울은 자신이 회심시킨 이들에게 고난에 대해 말하면서 정작 자신은 고난을 당하지 않으려는 그런 지도자가 아니다.

여기에서 어떠한 영적인 자기학대의 흔적도 찾아볼 수 없다. 분명 바울은 마치 고난이 자신에게 일종의 왜곡된 기쁨을 주는 것처럼 고난을 좋아하기 때문에 고난 받기를 원하는 것이 아니다. 오히려 바울은 주님이 "간고를 많이 겪었으며 질고를 아는 자"(사 53:3)이셨다고 이해한다. 따라서 바울은 고난 받는 것이 자신이 따라야 할 주님을 아는 것의 일부라고 생각한다. 그것은 '그의 사망 안에서 그와 같이 되는 것'(3:10)을 의미한다. 즉, **예수님이 십자가에 못박히셨던 것처럼 바울도 자기 십자가를 지고 예수님을 따르기를 원한다. 주님을 더욱 알게 되는 특권을 위해서라면 감당하지 못할 고난은 없다.**

우리가 그와 동일한 자세를 취한다면 우리의 증거와 가치관이 어떻게 변화될지 분명하지 않겠는가? 빌립보서 3장 10절이 우리의 좌우명이 된다면, 또는 우리가 최초의 사도들처럼 "그 이름을 위하여 능욕 받는 일에 합당한 자로" 여겨졌기 때문에 박해를 당하는 가운데 기뻐하는 것을 배웠다면(행 5:41), 반대에

직면할 때 우리의 관점은 변할 것이다. 우리는 이렇게 말할 것이다. "하나님, 감사합니다! 마침내 그가 조금씩 제게 박해를 가하고 있습니다. 만일 그것이 제가 그리스도를 더 잘 알게 되는 것을 의미한다면, 박해를 더 받기 원합니다."

바울이 그러한 자세를 취하는 한 가지 이유는 그가 종말을 바라보기 때문이다. 그는 이런 식으로 그리스도를 알기 원한다. 바울은 말한다. "어떻게 해서든지 죽은 자 가운데서 부활에 이르려 하노니"(3:11). 이렇게 말한다고 해서, 바울 자신이 죽은 자의 부활에 참여할 것인지 못할 것인지에 대해 의심한다는 의미는 아니다. '어떻게 해서든지'라는 단어는 원문에서 아마도 바울이 이 부활을 경험하게 되는 시간이나 환경에 대해 확실하게 알지 못한다는 것을 암시한다. 바울은 살아 있는 동안 부활을 맞아 죽음을 통과하지 않고 변화된 부활의 몸을 받을 것인가?

우리는 바울이 데살로니가전서에서 예수님이 재림하실 때 살아 있는 신자들에게는 바로 그런 일이 일어날 것이라고 가르친 것을 알고 있다(살전 4:13-17). 그게 아니라면, 그는 죽고 나서 죽은 자 가운데서 다시 일어날 것인가? 어느 쪽이든 '어떻게 해서든' 그는 '죽은 자 가운데서 부활에 이를' 것이다. 그리고 바울이 생각할 때, 그 영광스러운 종말, 마지막 부활, 새 하늘과 새 땅, 의로운 가정을 얻는 것은 예수 그리스도를 아는 지식 안에서 인내하는 것과 밀접한 관련이 있다. 그래서 바울은 그리스도를 아는 지식을 열망한다.

달리 말해, 바울은 정체되어 있지 않다. 바로 이러한 자세가 바울이 우리에게 그리스도를 본받아야 한다고 말할 때(3:17; 고전 11:1) 자신을 이미 '정점에 도달한' 권위자로 제시하는 것이 아님을 확증해 준다. 바울이 자신을 본받아야 할 모델로 여긴다면, 그는 또 자신이 더 큰 영광으로 옮겨가는 모델이라는 사실도 안다. 바울이 추종받기 원한다면, 그것은 특별히 자신이 여전히 예수님의 뒤를 열심히 추종하고 있다는 점에서 다른 사람들도 자신을 따르길 원하는 것이다. 바울은 계속 권면한다. 그는 자신이 이미 온전해진 것으로 생각하지 않는다. 진실로 바울은 분명하게 그러한 암시를 거부한다. "내가 이미 얻었다 함도 아니요 온전히 이루었다 함도 아니라 오직 내가 그리스도 예수께 잡힌 바 된 그것을 잡으려고 달려가노라"(3:12). 바울이 목표로 하는 것은 그리스도께서 자기를 부르신 바로 그 목적을 성취하는 것이다. 그것에 미치지 못하는 것은 그 무엇이라도 소명에 대한 배반이 될 것이다.

한 번 거부한 것이 충분하지 않은 듯, 바울은 반복해서 말한다. "형제들아 나는 아직 내가 잡은 줄로 여기지 아니하고 오직 한 일 즉 뒤에 있는 것은 잊어버리고 앞에 있는 것을 잡으려고 푯대를 향하여 그리스도 예수 안에서 하나님이 위에서 부르신 부름의 상을 위하여 달려가노라"(3:13-14). 과거의 승리 위에 서 있기를 거절하면서, 바울은 다가 올 영광을 열렬히 고대한다.

바울은 결코 자신의 위치가 특별하다든지 사도들에게만 기대되는 것이라고 주장하지 않는다. 절대 그렇지 않다. "그러므로 누구든지 우리 온전히 이룬 자들은 이렇게 생각할지니"(3:15a). 이는 성숙한 그리스도인이라면 누구나 따라야 할 사고방식이다. 그리고 그 사고방식이 암시하는 바는 아직 성숙하지 못한 사람도 역시 그런 식으로 생각해야 한다는 것이다. 즉, 그들은 그런 사고방식을 갖기 위해 성숙해야 한다. 그 때문에 바울은 "만일 어떤 일에 너희가 달리 생각하면 하나님이 이것도 너희에게 나타내시리라"라고 덧붙인다(3:15b). 그동안, 모든 그리스도인은 예외 없이 최소한 자신이 알고 있는 수준에 따라 살아야 한다. "오직 우리가 어디까지 이르렀든지 그대로 행할 것이라"(3:16).

그리스도인이 예수 그리스도를 아는 지식에서 거의 자라지 못했음을 인정해야 한다는 것은 충격적인 일이다. 나중에 바울이 디모데에게 권면한 것처럼, 다른 사람들이 우리가 발전한 것을 볼 수 있도록 우리는 자신에게 주어진 그리스도인의 책임을 수행하는 데 부지런해야 한다(딤전 4:15). 그것은 '삶'과 '교리' 둘 다를 포함한다(딤전 4:16).

이것은 분명 말씀을 전하는 사람과 가르치는 사람에게 특히 긴급히 적용된다. 만일 지난 20년 동안 지식('교리')과 경험('삶') 둘 다에서 정체상태를 유지해 왔다면, 뭔가 끔찍하게 잘못된 것이다. 우리는 모두 성장해야 한다. "누구든지 우리 온전히 이룬 자들은 이렇게 생각할지니"(빌 3:15a). 과거의 진리와 거룩함의 단계를 버리는 것이 아니다. 오히려, 새로운 진리와 옛 진리의 적용이 눈앞에 펼쳐지는 것이다. 그것은 우리의 앎과 삶을 매우 강력하게 형성해서 다른 사람들이 그 향상된 모습을 볼 수 있게 해준다. 우리는 죄를 점점 더 용서할 수 없게 된다. 경건한 사람들일수록 하나같이 자신이 얼마나 죄인인지 또 그 죄가 하나님께 얼마나 가증스러운지 매우 깊이 인식하고 있다. 거룩함이 점점 더 매력적으로 보이게 된다. 장차 올 세상의 영광과 비교해 보면 이 세상의 영광은 보잘 것 없다.

슬프게도 신자들, 심지어 그리스도인 지도자들조차도 모두 바울이 정상적이고 규범적이라 보는 이런 자세를 취하는 것은 아니다. 그러므로 조심스럽게 주위를 둘러보라. 그리고 영적으로 정체된 사람들이 아니라 끊임없이 성장하는 사람들을 본받으라. 자기만족에 빠져 잘난 체하는 사람들을 경계하라. 그리스도를 본받는 사람을 본받으라.

땅의 일을 생각하는 사람이 아니라
예수님의 재림을 간절히 기다리는 사람들을 본받으라

3:17-21

17절은 과도기적이다. 이 구절은 이후 내용뿐만 아니라 이전

내용에도 적용된다. 분명히 그것은 앞서 말한 것에 초점을 맞춘다. 성장과 성숙에 대한 자신의 태도에 대해 그렇게 자세하게 설명한 것이 바로 다른 사람들이 자신을 본받기를 원했기 때문임을 깨닫지 못할 경우를 대비해, 바울은 자신의 논지를 분명하게 제시한다. "형제들아 너희는 다른 사람들과 함께 나를 본받으라. 그리고 우리가 너희에게 준 유형을 따라 사는 사람들을 눈여겨보라"(3:17, NIV). 바울이 언급하는 '다른 사람들'은 아마도 다른 교회의 사람들을 말할 것이다. 바울의 논지는 자신이 빌립보 교인들에게 어떤 특별한 책임을 지우는 게 아니라는 것이다. 그들이 바울을 따른다면, 그들도 바울이 세운 다른 교회의 그리스도인들이 행하는 것을 동일하게 행하며 다른 교회에 있는 그리스도인들과 보조를 같이해야 한다. 그리고 바울이 모든 장소에 동시에 있을 수 없기 때문에, 그들은 바울이 빌립보 교인들에게 준 지침에 따라 사는 주변의 그리스도인들을 신중히 주시해야 한다.

이 구절에는 피할 수 없는 두 가지 함의가 있다. (1) 바울이 새 회심자들에게 준 가르침의 일부는 어떻게 사는가 하는 것이다. 바울은 '우리가 너희에게 준 모범'에 대해 말한다. 그것은 문맥에서 볼 때 분명히 '우리가 너희에게 준 삶의 유형(소위 '삶의 양식')'을 의미한다. (2) 또 한 번, 바울은 기독교 제자도의 다양한 요소는 말로 가르치는 것보다 직접 보고 배우는 것이 더 쉽다고 가정한다. 그것이 바로 빌립보 교인들에게 주변을 둘러

보고 명백히 사도의 모습에 가까운 사람을 찾아본 후 그들을 본받으라고 한 이유다.

마찬가지로 분명하게 17절은 이 장 마지막 몇 절의 생각으로 이어진다. 바울이 신자들 가운데 일부가 다른 사람들이 따를 만한 훌륭한 귀감이라고 주장하는 이면에는 그렇지 못한 사람들도 있음을 암시한다. "내가 여러 번 너희에게 말하였거니와 이제도 눈물을 흘리며 말하노니 여러 사람들이 그리스도의 십자가의 원수로 행하느니라"(3:18). 하지만 이 사람들은 정확히 누구인가?

그들의 정체에 대해 확실하고 정확하게 말하기는 어렵지만 어느 정도 타당한 추론을 끌어낼 수는 있다. 그들은 분명 스스로 불신자라고 고백하는 사람은 아닐 것이다. 왜냐하면 (1) 위험스럽게도 빌립보 신자들을 잘못된 길로 인도할 공산이 큰 철저한 불신자들 때문에 바울이 눈물을 흘리지는 않을 것이기 때문이다. (2) 문맥상, 바울이 자신과 다른 성숙한 그리스도인들이 제시하는 모델과 그 사람들이 행하는 것을 비교하기 때문이다. 그렇기에 최소한 빌립보 그리스도인들이 자신을 그리스도인이라고 주장하지도 않는 사람들을 본받으려는 유혹에 빠졌다는 것은 믿기 힘들다. 그리고 (3) "그리스도의 십자가의 원수"라는 표현은 스스로 신자라고 주장하지만 실제로는 '적과 내통하는' 원수를 암시한다. 분명 이 표현이 아무런 구별도 없이 불신자 전체를 가리킨다든지 복음에 대적하여 활동하던 강한 불신자들을 언급하는 것은 아닐 것이다. 그렇다면 우리는 두 번째 논지로 되돌아가게 된다. 빌립보 교인들이 그들을 따르려는 유혹을 받은 이유는 상상하기 어렵다.

그렇다면 이 사람들은 기독교적 믿음을 고백하지만 옆으로 어느 정도 빠져나가 실제로는 '그리스도의 십자가의 원수'가 된 부류인 것처럼 보인다. 모든 세대에는 어느 정도 이런 협잡꾼이 있기 마련이다. 그들을 바울이 1장 15-16절에서 말한 때로 불순한 동기로 그리스도를 전파하는 설교자들과 혼동해서는 안 된다. 또는 그들을 그리스도를 믿는 척하는 사람이 아니라 복음에 대해 매우 열심히 반대할지도 모르는 이교도나 다른 사람들과 혼동해도 안 된다. 오히려 그들은 선한 것을 말하지만, 부주의하고 분별력 없는 사람들을 속이고, 자신들을 기독교 지도자라고 과시하며, 또 심지어 상당한 '능력'까지 보여 주기도 한다. 그러나 바울의 표현으로 판단해 본다면, 그들에게는 바울이 가지고 있는 것과 같은 십자가에 대한 초점이 없다. 바울은 그리스도의 부활의 권능과 **그리스도의 고난을 나누는 교제, 즉 그리스도의 죽음 안에서 그리스도와 같이 되는 것**(3:10), 그 둘 다를 더 잘 알고 싶어 한다. 그리스도의 십자가의 원수는 절대로 그런 자세를 취하지 않는다.

이 사람들이 누구인지 바울과 빌립보 교인들은 분명히 알고 있다. 바울은 빌립보서를 처음 읽는 독자들이 그들의 정체를 분명히 알 수 있도록 자세한 사항을 충분히 덧붙인다. "그들의 마침은 멸망이요." 즉, 그들이 달리 뭐라고 말할지라도, 그들은 진짜 신자가 아니다. "그들의 신은 배요 그 영광은 그들의 부끄러움에 있고." 게다가 그리스도를 위해 고난을 당하는 것과는 거리가 멀다. 그들은 끊임없이 피조물이 주는 위안에만 이끌린다. 그들은 자신이 원하는 대로 한다. 그들의 신은 그들의 배보다 높은 곳에 있지 않다. 그들이 정말로 가치 있게 여기는 것은 영감을 주고, 영광스럽고, 본받을 만한 것과는 거리가 멀며, 오히려 철저히 수치스럽다. 간단히 말해서 "땅의 일을 생각하는 자"(3:19)다. 이것은 그들이 분명하게 악한 일에 초점을 맞추고 있다는 것이 아니다. 그러나 그들의 모든 가치와 소중하게 여기는 목표들이 이 세상과 이 땅에 속한 것들에 묶여 있으며, 그 가운데 조금도 "어떻게 해서든지 죽은 자 가운데서 부활에 이르려"(3:11)는 바울의 열정으로 숨 쉬지 않는다면 그들은 불쌍히 여김을 받아 마땅하다. 확실히 본받는 일과 관련해서는 그들을 피해야 한다.

열정적이면서도 맹렬한 바울의 비난은 굳은 마음이나 악한 마음으로 하는 것이 아니다. 그는 "눈물을 흘리며"(3:18) 그것을 기록했다. 그는 실제로는 우상숭배자들이요("그들의 신은 배요"), 참혹하게도 길을 잃은 자들인("그들의 마침은 멸망이요") 그리스도인 지도자들을 발견하고 근심했다. 우리는 그리스도의 눈물을 기억한다. 바울은 지금 그리스도를 본받고 있다. 예수님이 당시의 종교 사기꾼들을 공공연히 비난하실 때, 마지막에는 그 성읍을 바라보시며 비탄에 잠기셨다(마 23장). 공공연하게 비난하면서 눈물은 전혀 흘리지 않는 사람이 되어선 안 된다. 또한 눈물을 흘리기는 하지만 비난을 하지 못하는 사람이 되어서도 절대 안 된다. 양쪽 모두 너무나 중요하다.

어쨌든, 바울은 진정한 그리스도인이라면 그러한 그리스도의 원수가 취하는 자세를 가질 수 없다고 주장한다. 그들과 대조하면서 바울은 주장한다. "그러나 우리의 시민권은 하늘에 있는지라 거기로부터 구원하는 자 곧 주 예수 그리스도를 기다리노니 그는 만물을 자기에게 복종하게 하실 수 있는 자의 역사로 우리의 낮은 몸을 자기 영광의 몸의 형체와 같이 변하게 하시리라"(3:20-21). 바울은 자신이 본받고 싶어 하는 진정한 기독교는 예수님의 재림이라는 관점에서 산다고 강력히 주장한다. 모든 세대의 교회들이 "아멘. 주 예수여, 오시옵소서!"(계 22:20) 하고 외치는 소리로 서로 하나 되는 것이 바로 기독교다.

즉, 천국을 예비하는 것이 바로 기독교다. 우리의 진정한 본향, 시민권, 운명이 바로 거기에 있기 때문이다. 그러한 자세가 있을 때만이 고난에 대한 바울의 태도가 합리적이고 타당한 것이다. 우리가 이 세상에서 그리스도와 또 그리스도께서 받으신 고난에 기쁘게 참예한 것이 마침내 주님이 오시는 장엄한 영광과 그 뒤에 따르는 장관 속에서 공표된다면, 우리도 어느 정도는 그리스도처럼 의롭다함을 받을 것이다(2:6-11을 보라).

진정한 영성은 천국을 그리워하는 태도, 영원한 가치를 바라보는 삶, 예수님의 재림을 기다리는 열심, 그리스도께서 친히 "만물을 자기에게 복종하게" 하시고 "우리의 낮은 몸을 자기 영광의 몸의 형체와 같이 변하게" 하실 날을 고대함(바울이 고전 15장에서 더 온전하게 다루는 주제)을 떠나서는 오래가지 못한다. 생각하는 그리스도인은 무엇보다 먼저 자신을 영국이나 미국 또는 어떤 국가의 시민으로 여기지 않을 것이다. 우리는 천국 시민이다. 영원히 중요한 것은 그 시민권뿐이다. 다음과 같은 묘비명을 가진 신자는 행복하다.

이 칭송을 이 축복된 사람에게 주노라.
그가 천국에 있기 전에 천국이 그의 안에 있었다.

땅의 일을 생각하는 사람이 아니라 예수님의 재림을 간절히 기다리는 사람을 본받으라.
당대에 위대한 영향력과 학문적 업적을 남긴, 미국의 청교도 코튼 매더(Cotton Mather)는 이렇게 썼다.

모범이 되는 사람들은 이상하게도 우리가 본받게 만든다. 거룩함을 강조할 때, 우리는 그것이 육체를 갖지 않고 살아가는 천사들이나 영들에게 속한 교리라고 생각하는 경향이 있다. 그러나 탁월하게 거룩한 사람들의 삶에 대해 읽어 보면, 그들도 우리와 같이 욕망을 가진 사람들이었지만, 그들의 신념은 놀랍고 강력하다.

그러나 물론, 내가 이 장에서 쓴 모든 것의 끝부분에는 유의할 점이 있다. 나는 훌륭한 그리스도인 지도자들을 본받아야 할 우리의 책임에 대해 자세히 설명했고, 그런 다음에 그 훌륭한 그리스도인 지도자들의 특성을 설명했다. 그러나 우리 그리스도인들에게 본받을 만한 귀감을 찾아야 할 책임이 있다면, **우리가 그들을 본받는 동안 우리도 다른 사람들이 본받을 만한 귀감이 될 것이다.** 교회에서의 모든 사역이 말로 이루어지는 것은 아니다. 모든 사역이 두드러진 것도 아니다. 그러나 모든 그리스도인은 새로이 회심한 세대들에게 경건하고 그리스도를 영화롭게 하는 방식으로 영향력을 끼치도록 말과 행동의 기준을 세워야 한다.

어떤 의미에서, 그 필요들은 더욱 더 긴급해진다. 가정예배는 드릴 생각조차 하지 않는 기독교 가정의 수가 늘고 있다. 무엇을 해야 할지에 대해 누가 그들에게 본이 될 것인가? 많은 가정이 이혼으로 찢겨 나갔다. 때로 사랑이라고는 거의 찾아볼 수 없는 환경에서 양육 받고, 부모는 오히려 혼란만을 주었던 새로운 젊은 세대들에게, 어떤 그리스도인 부모들이 그리스도인의 결혼은 어떤 것인지 보여 주는 귀감이 될 것인가?

학대하는 사람들은 종종 학대하는 부모의 자식이라는 것이 일반 상식이다. 복음을 선포하면서 동시에 온화하며, 자기를 부인하고, 자족하는 그리스도인 가정이 어떤 것인지 보여 주는 귀감이 되어 보지 않겠는가? 한때 그리스도인들은 어떻게 죽는 것이 잘 죽는 것인지를 아는 사람들로 알려졌다. 새로운 그리스도인 세대에게 어떻게 죽고, 어떻게 슬퍼하며, 어떻게 신뢰하고, 어떻게 싸우지 않으면서도, 오히려 인내와 겸손을 간직하고 다른 신자들과 의견을 달리할 수 있는지 보여 주지 않겠는가? 우리의 모범을 통해 어떻게 사회에서 의로운 편에 설 수 있는지 보여 주지 않겠는가? 다른 사람들의 이야기를 주의 깊게 들음으로써 기도하는 법을 배우지 않았는가? 그렇다면 우리는 누구에게 기도를 가르쳤는가? 누구에게 자기 훈련의 원리를 가르쳤는가?

그렇다. 우리는 반드시 자기 자신이 아니라 다른 사람의 안녕에 관심을 두는 사람들을 본받아야 한다. 아니, 우리 자신이 마땅히 그러한 사람이 되어야 한다. 그렇다. 우리는 검증되지 않은 벼락출세한 사람이나, 스스로 우쭐대는 교만한 사람이 아니라, 곤경 가운데서 자기를 입증한 사람을 본받아야 한다. 아니, 우리가 마땅히 그런 사람이 되어야 한다. 우리는 자신의 끊임없는 신뢰와 사랑을 다른 무엇도 아닌, 오직 그리스도 예수 안에 두는 사람을 본받아야 한다. 그러나 그것이 또한 우리의 자랑이 되어야 한다. 그렇다. 우리는 영적으로 정체되어 있는 사람이 아니라, 계속해서 성장하는 사람을 본받아야 한다. 그러나 우리가 그들을 본받을 때 비로소 우리도 스스로 성장할 것이다. 그렇다. 우리는 땅의 일을 생각하는 사람이 아니라, 예수님의 재림을 간절히 기다리는 사람을 본받아야 한다. 그러나 그렇게 되면 우리도 그들처럼 하늘의 일을 생각할 것이다. 그리고 예수님을 위해서 우리가 영향을 끼치는 새로운 세대를 잘 돌봐야 한다. 바로 이것이 가서 제자를 삼으라는 명령이다.

그리스도 안에 있는 형제자매들이여, 우리는 훌륭한 그리스도인 지도자들을 본받아야 한다. 그리고 우리 자신도 다른 사람들이 본받을 만한 훌륭한 그리스도인이 되라고 부르심을 받았다.

하나님이 우리를 도우신다.

4장. 그리스도인다운 행함을 절대 포기하지 말라

빌립보서 4:1-23

빌립보서를 처음부터 살펴 오면서, 우리는 다음과 같이 바울의 주장을 요약했다.

1. 복음을 최우선시하라.
2. 예수님의 죽음을 삶의 기준으로 삼으라.
3. 훌륭한 믿음의 지도자들을 본받으라.

그리고 이제 다음을 살펴볼 것이다.

4. 그리스도인다운 행함을 절대 포기하지 말라.

그러나 왜 이 마지막 명령이 빌립보서 4장의 요약이 되어야 할까? 거기에는 적어도 세 가지 이유가 있다.
첫째, 1절의 주제가 '굳게 서는 것'이기 때문이다. 그리고 이

과도기적인 절은 우리가 이미 검토한 것을 되돌아보고 앞으로 살펴볼 4장을 가리킨다. 바울은 다음과 같이 기록한다. "그러므로 나의 사랑하고 사모하는 형제들, 나의 기쁨이요 면류관인 사랑하는 자들아 주 안에 굳게 서는 것은 이런 것이다!"(NIV) 이 절이 이전의 내용을 되돌아보고 있다는 증거는 분명하고도 충분하다. "**그러므로** 나의 사랑하고 사모하는 형제들…." 다시 말하자면, 방금 분명하게 밝힌 주제들의 관점, 특히 3장 17절의 관점에서("너희는 다른 사람들과 함께 나를 본받으라…"), **그러므로** 굳게 서라. 진실로 바울은 "나의…형제들"이라며 부드럽고 정서적인 요소를 더하고 있다. 바울은 그들에게 말한다. "나의 사랑하고 사모하는…나의 기쁨이요 면류관인…." 바울은 그들에게 거짓 지도자들과 나쁜 모델들을 경고해 왔다. 잠시 당신을 받아줄지도 모르는 유사 기독교를 자랑하는 사람들을 경계하라. 자기 배가 곧 신이요, 그 마침이 멸망인 사람들을 주의하라. 그들에게 속지 말라. 그 대신 십자가를 중시하며, 영적인 생명이 활기 있고, 늘 성장하고, 끊임없이 예수 그리스도께 초점을 두는 훌륭한 믿음의 지도자들을 본받으라. **그러므로**, 특히 우리의 육신마저 변화시켜 주시는 임박한 주님의 재림이라는 관점에서 굳게 서라.

그래서 4장 1절이 되돌아보는 방식은 매우 분명하다. 그러나 이 절에는 또 거의 확실하게 미래를 가리키는 단어가 하나 있다. 이 절을 대략 문자적인 방식으로 번역한다면, 그중 일부는 이렇게 표현될 것이다. '이와 같이(thus) 주 안에 서라'(NIV는 "주 안에 굳게 서는 것은 이런 것이다"라고 번역했다). 내가 '이와 같이'로 번역한 단어는 자주 미래를 가리킨다. 예를 들어, 요한복음 3장 16절은 이렇다. "하나님이 세상을 이처럼(thus) 사랑하사 독생자를 주셨으니." '이와 같이·이처럼'이라는 단어는 하나님이 세상을 사랑하신다는 최고의 증거를 가리킨다. 그래서 빌립보서 4장 1절에서도 그렇다. '이와 같이 (굳게) 서라', 즉 이제 내가 설명하는 대로 굳게 서라. 굳게 서라, 그리스도인다운 행함을 절대 포기하지 말라.

둘째, 빌립보서 4장의 주제들이 대부분 1-3장에서 다룬 것들이기 때문이다. 그러나 바울은 이 마지막 장에서, 오래 참고 견디는 힘을 기르기 위해 이 주제들을 다시 되짚어 주고 있다. 이는 우리가 4장을 고찰해 나갈 때 명백히 밝혀질 것이다. 따라서 그것은 인내라는 주제로 4장을 다룰 또 하나의 근거가 된다.

셋째, 무엇보다 중요한 이유는, 이 장에 있는 구체적인 명령들 대다수가 인내를 기르기 위한 것이라는 점을 간과할 수 없기 때문이다. 바울이 제시하는 것은 비록 중요하기는 하지만 단순한 교리적 내용이나 어떤 분명한 그리스도인의 행동을 이끌어내기 위한 명령이 아니라, 유일하신 참 하나님께 삶 전체를 드리는 지속적인 헌신을 길러내기 위한 태도와 관련된 명령이다.

다음과 같이 설명할 수 있다. 그리스도인들이 예수님의 길을 걸을 때 잘 견딜 수 있도록 하려면 어떤 권면이 도움이 될까? 사도신경으로 더 많이 기도하고, 성경을 더 열심히 읽도록 서로를 격려해야 할까? 당연히 그렇게 해야 한다. 그러나 사람들이 성경을 차갑게, 즉 (어떤 사람들이 셰익스피어 작품을 연구하는 것과 마찬가지로) 단순히 학문적 추구만을 목적으로 대할 수 있다는 사실도 인정해야 한다.

구체적인 계명에 순종하도록 장려해야 할까? 물론, 의심의 여지없이 우리 모두 때때로 그러한 격려가 필요하다. 그러나 어떤 순종은 단순히 형식적이며 또 다른 순종은 율법주의라는 굴레에 빠진다.

그래서 바울이 빌립보서 마지막 장에서 강조하기로 선택한 것들은 관계에서의 온전함, 하나님을 향한 충성, 하나님 안에서의 확신, 건강하고 정결한 생각, 경건한 마음 자세 등이다. 모든 영역에서 바울은 당신의 아들 예수 그리스도를 통해 그토록 극적으로 자신을 드러내신 하나님 앞에서 굳건함, 안정감, 견딤, 인내, 신실함을 기르기 원한다.

그렇다면 빌립보서 4장이 지우는 짐은 이것이다. 그리스도인으로서의 행함을 절대로 포기하지 말라. 우리가 이 주제를 유익하게 살펴보면, 일곱 가지 구성 요소를 발견할 수 있다.

다른 진정한 신자들과
같은 마음을 추구하겠다고 결심하라 4:2-3

바울의 바로 앞에 놓인 구체적인 사례는 유오디아와 순두게라는 두 여인과 관련되어 있다. 그들은 함께 어울릴 수 없을 것 같았다. 이 상황에서 충격적인 것은, 이 두 사람이 나쁜 성격이나, 나불대는 입, 또는 다른 사소한 문젯거리로 유명했던 주변 인물들이 아니라는 사실이다. 그들은 바로 복음을 위해 바울과 함께 사역했던 여인들이다(4:3). 그들은 복음 전도의 최전선에 있었다. 바울은 그들이 "복음에 나와 함께 힘쓰던" 사람들이라고 기록한다. 그들에게 이단이나 부도덕성 같은 기미는 조금도 보이지 않는다. 그들은 단지 서로 잘 어울릴 수 없을 뿐이다. 그래서 바울은 어떻게 했는가?

첫째, 바울은 유오디아와 순두게에게 호소한다. 놀랍지 않은가? 바울은 권위로 기선을 제압하려 하지 않는다. 바울은 사도로서 자신의 경험과 시위를 인급하면서 그들을 엄하게 꾸짖지도 않는다. 진실로 그 호소는 개인적이고 간절하며 또한 그들을 부끄럽게 만들려는 의도를 담고 있지도 않다. 교회 안에서 오늘날 사람들의 성격적 갈등을 중재해야 하는 사람들이 배워야 할 중요한 교훈이 여기에 있다.

둘째, 바울은 이 편지를 받는 사람에게 그 두 여인이 서로 잘 해결하도록 중재하라고 요청한다. 때때로 신자들 사이의 갈등이 아주 심해질 때는 제3자가 나서서 양측을 중재하고, 각자 상대방의 관점에서 문제를 보도록 하며, 그런 상황에서 신실한 그리스도인이라면 어떤 자세를 취해야 하는지 생각할 수 있도록 도와주는 것이 가장 지혜로운 해결법이다. 이 경우는 중재하는 사람이 누구인지 모른다. 빌립보서처럼 어떤 서신이 지역 교회 전체에 보낸 것이라면, 교회 전체에 그 서신을 읽어 줄 구체적인 개인에게 보냈을 것이다. 분명 바울과 빌립보 교회는 그 개인이 누구인지 안다. 그러나 우리는 모른다. 그 사람이 장로나 목사였을 것이라고 추측하는 것이 타당할 것이다. 누가였을지도 모른다. 그러나 확실하지는 않다. 사실은 '멍에를 같이한 동료'라고 번역된 단어가 고유명사였을 가능성도 있다(비록 고대 세계에 그런 이름이 있었다고 입증할 만한 독립적인 자료가 없기는 하지만). 그런 경우, 그 사람을 (문자적으로) '진짜 멍에를 같이한 동료'라 부름으로써 바울은 다음과 같이 언어유희를 사용한다. 이름이 '멍에를 같이한 동료'이고 실제로 진짜 멍에를 같이한 동료여, 그대는 복음 때문에 나와 멍에를 같이했다. 그러나 이 사람이 누구였든지 간에, 바울은 그에게 중재를 요청한다.

셋째로, 바울이 여인들에게 한 호소의 핵심과 '멍에를 같이한 충실한 동료'에게 원한 중재의 목적은, 그 두 여인이 "주 안에서 같은 마음을 품"는 것이다. '같은 마음을 품다'로 번역된 동사는 네 장으로 이루어진 짧은 서신에 열 번 이상 나타날 정도로 자주 사용되었다. 바울이 요청하는 것은 정확히 무엇인가?

(1) 이것은 진리를 희생하면서까지 연합하라는 호소가 아니다. 바울은 다음과 같이 말하지 않는다. "그대들 사이에 무엇이 문제든 상관하지 말고 화해하십시오. 교리 때문에 한뜻이 되는 데 방해받지 않게 하십시오. 교리는 중요하지 않습니다. 다만 서로 사랑하세요. 그것으로 충분합니다." 교리 문제가 하나님과 화목한 사람과 저주받을 사람(갈 1:8-9) 사이를 가를 수 있다고 여기는 바울이, 상대주의적인 감상에 빠질 확률은 크지 않다. 복음의 본질이 걸려 있는 문제에서는 때로 갈라서는 것도 필요하다. 그러나 지금 본문의 상황은 그렇지 않다.

(2) 빌립보서의 전체적인 관점에서 볼 때, 그것은 모든 문제에 완벽하게 일치하라는 불가능한 요구가 아니다. 바울은 유오디아와 순두게에게 이렇게 말하지 않는다. "숙녀분들, 교리와 삶의 모든 면에서, 나는 그대들이 서로의 차이를 떨쳐버리고 완벽한 일치에 도달하기를 기대합니다." 그 동사가 다른 곳에 쓰일 때는, 호소가 더 깊고 폭넓다. 빌립보서 2장 시작 부분에서 바울이 주장한 것을 기억해 보라. "그러므로 그리스도 안에 무슨 권면이나 사랑의 무슨 위로나 성령의 무슨 교제나 긍휼이나 자비가 있거든 **마음을 같이하여**[동일한 동사] **같은 사랑을 가지고 뜻을 합하며 한마음을 품어**…나의 기쁨을 충만하게 하라"(2:1-2, 4b). 즉, 바울은 다른 신자들과 동일한 기본 지침, 근본 목표, 방향 설정 그리고 우선순위를 취하는 자세를 호소하고 있다. 이것이 복음을 지향하는 것이다.

진정한 신자들 간의 어떤 정직한 의견 차이는 해결될 수 있다. 그들이 시간을 두고 서로 다른 관점으로 문제를 바라보는 이유가 무엇인지 머리를 맞댄다면, 각자의 관점과 태도를 새롭게 비판하면서 스스로 말씀에 비추어 본다면 말이다. 그러나 대부분 논쟁이 해결되지 않는 이유는 당사자들이 시간을 내지도 않고 함께 성경을 연구하려 하지도 않기 때문이다. 어떤 경우에는, 양쪽 모두 바로잡거나 다듬어지기를 원하지 않는다. 둘 다 자기가 옳다고 확신하기 때문에, 단순한 사실만으로는 그들을 바로잡지 못한다. 그리고 어쨌든 그들은 이기기만을 원할 뿐이다. 그러한 상태에서, 신자들을 조종하여 그들의 마음을 바꾸려 하는 것은 언제나 기껏해야 부적절한 처사일 뿐이고, 솔직히 말해 최악의 경우 죄라는 사실을 그들은 쉽게 잊어버린다. 내가 생각하는 이런 말을 당신도 알 것이다. "당신의 태도는 내 감정을 상하게 합니다. 당신은 나를 신뢰하지 않나요?" 감정적 협박은 절대로 경건의 표지가 아니다. 겉으로 좋은 관계를 유지하기 위해 그리스도인들이 다른 사람들을 조종하려고 하는 것은 절대 성숙한 그리스도인의 표지가 아니다. 대개의 경우 부끄러운 미성숙함만 노출될 뿐이다. 원칙에 있어서 의견이 다를 때, 그것을 놓고 토론하라. 성경을 꺼내, 말씀에 비추어 충분히 생각하고, 불일치점을 찾아보고, 기꺼이 바로잡으라.

그러나 **어떠한 경우든**, 이런저런 자세한 사항들에서는 의견 일치를 보지 못하더라도, 절대적 우선순위가 무엇인지 밝혀내

거기에서부터 시작하라. 서로 공통된 점에 초점을 맞추라. 반드시 복음에 있어서만큼은 하나임을 확인하라. 복음, 하나님의 말씀, 그리스도의 영광, 하나님 백성의 양선, 거룩의 아름다움, 죄, 특히 당신 자신의 죄가 가진 추함 등, 가장 중요한 문제들에 대해서는 완전한 동의를 이끌어낼 때까지 열심히 노력하라. 개인적인 차이들이 당신의 편이 앞서 나가거나, 상처 받은 자아를 달래거나, 값싼 승리주의에 호소한다거나, 실익 때문에 복음을 변질시키는 계기가 되지 않게 하라. 하나로 연합하게 하는 것에 초점을 두라. 그것은 복음, 복음뿐이다. 마음을 같이하고, 같은 것을 생각하고, 한마음이 되어라. 이 중심적인 문제들을 놓고 열심히 그리고 겸손히 노력하라. 그리고 대부분의 경우에 주변적인 문제들은 저절로 해결되도록 내버려 두라. 다른 신자들과 같은 마음을 추구하겠다고 결심하라. 이는 모든 이를 고양시키고 강건하게 할 것이며, 당신은 결코 그리스도인의 행함을 포기하지 않을 것이다.

주 안에서
항상 기뻐하겠다고 결심하라 4:4

바울은 다음과 같이 기록했다. "주 안에서 항상 기뻐하라 내가 다시 말하노니 기뻐하라"(4:4). 물론, 바울은 이미 이 주제를 소개했다. 1장에서 바울은 독자들에게 천명한다. "간구할 때마다 너희 무리를 위하여 기쁨으로 항상 간구함은 너희가 첫날부터 이제까지 복음을 위한 일에 참여하고 있기 때문이라"(1:4-5). 이 주제는 2장에 다시 나타난다. 바울은 자신을 그들의 모든 제물 위에 마지막으로 얹어놓는 제물인 전제처럼 쏟아 부을 준비가 되어 있다. 그런 일이 일어난다면, 바울은 그들과 함께 기뻐하고 즐거워할 것이며 그들도 자신과 함께 기뻐하고 즐거워하리라고 기대할 것이다(2:17-18). 이 동일한 주제는 3장에 다시 나온다. "끝으로 나의 형제들아 주 안에서 기뻐하라"(3:1a). 그리고 이제 다시 한 번 그리고 가장 강조하는 형태로 되돌아온다.

빌립보 교인들은 바울이 보낸 많은 권고를 읽을 때마다 바울이 자신들에게 처음 복음을 전했을 때 그 미덕을 실천한 최고의 모범이었다는 사실을 떠올렸다. 사도행전 16장에 따르면, 바울과 실라는 체포되어 감옥에 들어갔다. 매 맞고, 멍들고, 발에 차꼬가 채워졌지만, 그들은 조금도 자기 연민에 빠진 모습을 보이지 않았다. 오히려 정반대였다. 그들은 한밤중에 찬송을 부르기 시작했다. 이제 바울은 다시 감옥에 있다. 그는 지금 프랑스 남부의 멋진 별장에서 이 서신을 쓰는 것이 아니다. 테네리페(Tenerife) 섬의 휴양지에서 행복한 휴식을 즐기는 중 틈틈이 시간을 내서 쓰는 것도 아니다. 그는 수감 중이다. 그런데 무엇이라고 말하는가? "형제자매들이여, 제가 잘 참고 견디고 있듯이 여러분도 인내하면서 견뎌내십시오"라고? 천만에! "주 안에서 항상 기뻐하라 내가 다시 말하노니 기뻐하라."

어떤 의미에서 이는 누가 봐도 당연히 해야 할 권면이라. 우리가 다시 그것을 기억해야 한다는 사실이 좀 쑥스러울 수 있다. 구원받은 모든 사람은 주님 안에서 기뻐하기를 원할 것이다. 우리 죄가 용서받았다! 다른 분이 우리 죄를 짊어지셨기 때문에, 우리는 의롭다고 선언되었다. 예수님이 다시 오실 때 우리 소유가 될 약속된 유업의 보증으로, 우리는 성령의 선물을 받았다. 우리는 살아 계신 하나님의 자녀다. 우리의 '70년' 남짓한 인생은 어려움으로 가득할지 모른다. 그러나 하나님의 아들이 보증해 주신 영원이 우리를 기다리고 있다. 우리는 얼굴과 얼굴을 맞대고 그리스도를 뵐 것이다. 그리고 순전한 예배와 온전한 거룩 속에서 영원을 보낼 것이다. 이것들을 기억하면서도 기쁨과 감사로 반응하지 못한다면, 그것은 우리가 자신의 죄성과 예수님으로 인해 자유를 얻은 저주의 깊은 구렁을 제대로 파악하지 못했거나 장차 올라서게 될 곳의 장엄함을 제대로 일별하지 못했기 때문이다.

그렇다면 새로운 깨달음으로 다윗의 말을 되뇔 수 있는 신자는 복이 있다. "나를 기가 막힐 웅덩이와 수렁에서 끌어올리시고 내 발을 반석 위에 두사 내 걸음을 견고하게 하셨도다 새 노래 곧 우리 하나님께 올릴 찬송을 내 입에 두셨으니 많은 사람이 보고 두려워하여 여호와를 의지하리로다"(시 40:2-3). 하나님의 은혜가 없다면 모든 죄가 자신을 영원히 덫에 걸리게 만들 수 있는 괴물임을 깨달을 수 있는 신자는 복이 있다. 그렇다면 베드로가 다음과 같이 기록한 것이 당연하다. "예수를 너희가 보지 못하였으나 사랑하는도다 이제도 보지 못하나 믿고 말할 수 없는 영광스러운 즐거움으로 기뻐하니 믿음의 결국 곧 영혼의 구원을 받음이라"(벧전 1:8-9). 하나님의 나라는 고난을 통해 들어갈 수 있을 것이다(행 14:22). 그러나 하나님 나라의 특징은 기쁨이다. 바울은 주장한다. "하나님의 나라는 먹는 것과 마시는 것", 즉 유대인 율법에 따른 식사법이나 규칙을 따르는 것이 아니라 "오직 성령 안에 있는 의와 평강과 희락이라 이로써 그리스도를 섬기는 자는 하나님을 기쁘시게 하며 사람에게도 칭찬을 받느니라"(롬 14:17-18).

그러나 본문에 있는 몇 가지 세부사항에 주목하라.

첫째, 우리는 주 안에서 기뻐하라고 권면을 받는다. 핵심 문제는 기뻐하는 방식이 아니라 근거다. 노랫소리가 울려 퍼지는 대형 회의실에서 아무런 구속도 받지 않고 시끄럽고 떠들썩하게 찬양한다고 해서, 반드시 주님 안에서 기뻐하고 있는 것은 아니다. 물론 어떤 경우에는 그런 찬양을 하는 것이 전적으로 적절할 것이다. 하지만 엄숙한 침묵 속에서도, 감사의 눈물 속에서도, 기도할 때의 순전한 기쁨 속에서도, 주님 안에서의 기쁨을 충만히 표현할 수 있다. 그러나 바울의 초점은 기쁨의 형식이 아니라 근거에 관한 것이다.

이는 비록 그리스도인으로서 우리가 처한 상황이 하나님의 섭리에 따라 계획된 것임을 인정한다 할지라도, 우리의 상황은 기쁨의 궁극적 근거가 될 수 없음을 의미한다. 우리의 기쁨이 주로 우리의 상황에서 기인한다면, 상황이 변하면 비참해질 것이다. 우리의 기쁨은 오직 우리 주님 안에 있어야 한다. 그렇게 함으로써 우리는 상황을 **초월해** 기쁨으로 살아갈 수 있다. "여호와로 인하여 기뻐하는 것이 너희의 힘이니라"라는 느헤미야의 표현처럼(느 8:10), 아마 그것이 주님이 때로 힘든 환경 속에서 우리가 채찍질 당하도록 허락하시는 이유 중 하나일 것이다. 이것이 예수님의 동생 야고보가 다음과 같이 지혜로운 충고를 준 이유다. "내 형제들아 너희가 여러 가지 시험을 당하거든 온전히 기쁘게 여기라 이는 너희 믿음의 시련이 인내를 만들어 내는 줄 너희가 앎이라"(약 1:2-3). 세상의 악 그리고 슬픔과 관련한 수수께끼가 무엇이든 그것들은 신자들로 하여금 피조물에서 창조주께로, 일시적인 것에서 영원한 것으로, 맹목적 애국주의에서 예수님께로, 소비에서 하나님께로 기쁨의 근기를 옮기는 데 유익한 효과가 있다. 찬송에서 이렇게 노래하는 것과 같다. "내가 볼 수 있도록, 그분이 내 눈의 눈물을 닦아 주셨네."

둘째, 본문은 두 가지 질문에 암시적으로 대답한다. (1) **언제** 그리고 (2) **얼마나 오랫동안** 주님 안에서 기뻐해야 하는가? 두 질문에 대해 본문은 한 단어로 대답한다. 항상! "주 안에서 항상 기뻐하라." 이것은 단순히 좋은 충고가 아니라 명령이다. 이 기쁨의 근거가 변하지 않기 때문에 이 명령에 순종하는 것은 가능한 일이다. 우리의 상황은 당연히 우리에게 고뇌, 눈물 그리고 슬픔을 줄 수 있다. 주님이 먼저 오시지 않는다면, 우리 각 사람은 모두 죽음을 대면하게 될 것이다. 그리고 우리가 좀더 오래 산다면, 사랑하는 사람들과 친구들의 죽음을 대면하게 될 것이다. 그때 우리는 슬피 울 것이다. 그러나 눈물 속에서도, 우리는 기뻐할 수 있으며 기뻐할 것이다. 기뻐해야 한다. 주님 안에서 기뻐하기 때문이다. 주님은 변하지 않으신다. 그것이 바로 주님 안에서 **항상** 기뻐해야 할 이유다.

하나님은 이 명령에 양심적으로 순종하는 신자는 남의 애기를 하거나 험담하는 자가 될 수 없다는 것을 잘 아신다. 그러한 신자는 영적으로 자만하거나 교만할 수도 없다. 인색하거나 기도하지 않는 삶을 살 수도 없다. 항상 불평만 하거나 불만을 품을 수도 없다. 깨어지고 상한 영을 치료하기 위해서는 그리스도 예수를 주로 영접하고, 그분 안에서 기뻐해야 한다. 우리 안에서 커 가는 죄들은 항상 예수님에 대한 우리의 비전이 희미해지고, 예수님 안에서 누리는 우리의 기쁨이 아침 이슬처럼 증발해 버렸음을 보여 주는 표지가 된다. 이와 대조적으로, 주 안에서 기뻐하기를 훈련하는 신자는 마음의 고통 속에서 향기를, 녹초로 만드는 긴장 속에서 쉼을, 고독함 가운데 사랑을, 고통스런 상황 속에서 하나님의 임재와 다스리심을 차츰 발견하게 된다. 그런 신자는 그리스도인으로서의 행함을 절대로 포기하지 않는다. 주 안에서 항상 기뻐하겠다고 결심하라.

관용으로
모든 사람에게 알려지겠다고 결심하라 4:5

바울의 명령은 이렇다. "너희 관용을 모든 사람에게 알게 하라 주께서 가까우시니라"(4:5).

NIV에서 '관용'으로 번역한 단어(gentleness)는 번역하기가 쉽지 않다. 어떤 오래된 번역본들은 'forbearance'를 제시한다. 이것은 나쁘지 않다. 이것은 논쟁, 자기 추구의 정신과 정반대를 가리킨다. NIV가 종종 'gentleness'라고 번역하는 것은 그런 이유 때문이다. 그러나 이 관용이 나약함과 혼동돼선 안 된다. 나약한 성격을 가진 사람들은 눈물을 잘 흘린다. 여기서의 의미는 의지적이고, 자기를 내세우지 않는 어떤 친절함 같은 것이다.

이는 바울의 권면에 어떤 아이러니가 있음을 암시한다. 좀더 과도하게 번역하면 분명해진다. "자기를 내세우지 않는 태도를 사람들이 알게 하라." 까다롭게 따지는 사람은 자기를 내세우지 않는 사람이 다른 사람들에게 알려지려는 것 자체를 원하지 않을 거라고 말한다. 어떤 것으로 유명해지려 한다면 분명 자기를 내세워야 한다. 그러나 지금 우리는 바울이 말하는 논지에 근접했다.

우리는 대부분 무엇으로 알려지기 원하는가? 평범하지 않은 멋진 외모인가? 순발력 있는 재치와 유머 감각 또는 현명함인가? 아니면 재산이나 가족관계로 유명해지기를 원하는가? 좀 더 경건한 사람은 아마 열심히 기도하는 사람 또는 탁월한 귀납적 성경공부 교사로 알려지길 원할 것이다. 많은 설교자는 뛰어난 설교로 알려지기를 원한다.

이 얼마나 끔찍한 일인가? 가장 고결한 최선의 동기들도 사리사욕 때문에 쉽게 퇴색해 버리기 때문에, 우리가 그러한 고통스러운 현실을 간과하기 시작한다는 것은 정말 슬픈 사실이다. 바울은 정곡을 찌른다. A. W. 토저(Tozer)는 자신의 책에서 이렇게 썼다.

> 명확히 말하면, 자아의 죄는 이런 것이다. 자기 의(義), 자기 연민, 자기 확신, 자급자족성, 자기 찬양, 자기 사랑, 그리고 그와 같은 수많은 다른 것들이다. 그것들은 우리 본성의 일부로서 우리 안에 너무 깊이 뿌리내리고 있어서, 하나님의 빛이 그 위에 비추기 전에는 우리의 주의를 끌 수 없다. 이 죄들이 좀더 발전한 이기주의, 과시주의, 자기 선전 등은, 이상하게도 그리스도인 지도자들 사이에서, 심지어 나무랄 데 없는 정통주의 집단 안에서도 용인되고 있다.…그리스도를 전한다는 미명 아래 자신을 높이는 것도 요즘은

너무 흔해서 주목을 끌지 못한다.

이 책은 반세기 전에 나왔는데, 지금이라면 토저는 뭐라고 말할까? 그는 계속해서 말한다.

> 바로 그 제단에서 자아는 책망 받지 않은 채 살아갈 수 있다. 자아는 피 흘리는 희생 제물이 죽는 것을 보면서도, 그 광경에 전혀 영향을 받지 않을 수 있다. 자아는 종교개혁자들의 신앙을 위해 싸울 수 있고, 은혜로 말미암는 구원의 교리를 웅변적으로 설교할 수 있으며, 또 자신의 노력으로 힘을 얻을 수도 있다. 진실을 남김없이 다 말하자면, 자아는 실제로 정통주의를 먹고 사는 것 같고, 선술집에서보다는 성경 수양회에서 좀더 편안함을 느끼는 것 같다. 우리가 하나님을 갈망하는 바로 그 상태는 자아가 번성하고 자라날 수 있는 최적의 환경을 제공할 수도 있다.[1]

신성한 성령의 운동을 잡다한 모조품으로 오해하기가 아주 쉽다. 진정 하나님에게서 기인하며 육적인 것은 조금도 없는 것은 더 어려울지도 모른다. 19세기 미국에서는 많은 '부흥회'가 있었다. 그것은 사람들이 회개하도록 초청하는 것을 목적으로 한 복음주의적인 경건 운동이었다. 미국의 서부 개척 시대에는, 많은 사람이 집회에 참여했다. 의심할 여지없이, 부흥회는 많은 사람에게 축복의 수단이 되었다. 그러나 이들 수많은 '부흥회'가 열린 지 아홉 달이 지난 후에, 사생아 출생률이 매우 높았다는 뼈아픈 연구 결과가 나왔다. 놀랍지 않은가? 하지만 그 이유는 추측해 볼 수 있다. 생각해 보면 왜 그런지 이해할 수 있다. 부흥회 기간 동안에는 특별한 우정, 동료애, 친밀감이 생겨난다. 어떤 영역에서의 친밀감이 또 다른 영역으로 흘러넘치면서 '부흥회'의 예상치 못했던 결과가 높은 사생아 출생률로 나타난 것이다. 분명 그것은 하나님께로부터 온 것이 아니다.

어떤 운동이 하나님께 속한 것인지 아닌지 알아보기 위해 적용할 수 있는 시험 중 하나는(물론 유일한 것은 아니지만) 그 영향을 받은 사람들이 다른 사람들에게 자신이 관용으로 알려지는 것을 어느 정도 목표로 삼고 있는지 관찰하는 것이다. 그들은 관용이라는 측면에서 자신의 주님을 닮아 갈 것이다. 이는 2장에서 분명하게 설명한 교훈 가운데 하나가 아닌가? 바울은 주장한다. "너희 안에 이 마음을 품으라 곧 그리스도 예수의 마음이니." 예수님은 하나님과 동등됨을 누리셨지만, 그것을 취할 것으로 여기지 않으시고 오히려 자신을 낮추시고 인간이 되어 십자가에서 불명예스럽고 수치스러운 죽음을 겪으셨다. 예수님은 사심(私心)이 없으셨다고 모든 사람에게 알려지셨다.

이 책을 읽는 모든 독자가 그러한 덕을 소망하며 간절히 기도하고, 꾸준히 그것을 추구하기 위해 결심하도록 하나님이 인도해 주시기를 기도한다. 그런 신자들은 절대로 흔들리지 않을 것이기 때문이다. 그들은 그리스도인으로서의 행함을 절대 포기하지 않을 것이다. 이와 관련된 찬송가를 인용한다.

> 하나님의 말씀이 풍성하게 거하게 하소서.
> 매 시간 나의 마음속에
> 그리하여 모든 사람이 오직 주님의 능력을 통해서만
> 내가 승리하는 것을 보도록
>
> 물이 바다를 채우는 것처럼
> 예수님의 사랑이 나를 채우게 하소서
> 그분을 높이고 자아는 낮추는 것
> 그것이 승리입니다.
>
> 잃어버린 사람들을 내가 찾을 때
> 예수의 아름다움이 나에게 거하게 하소서
> 그리고 그들은 오직 그분만 볼 수 있도록
> 통로가 된 이는 잊게 하소서.
>
> - 케이트 바클리 윌킨슨(Kate Barclay Wilkinson)

관용으로 모든 사람에게 알려지겠다고 결심하라.
바울은 우리에게 이 명령에 순종해야 하는 특별한 이유를 제시한다. "너희 관용을 모든 사람에게 알게 하라"라고 말한 후,

이렇게 덧붙인다. "주께서 가까우시니라"(4:5). 이것은 둘 중 하나를 의미할 수 있는데, 두 가지 모두 타당하다. 나로서는 바울이 무엇을 의미하고자 했는지 확신이 서질 않는다.

바울은 주님이 **현세에** 가까이 계신다고 의미할 수 있다. 즉, 주님이 곧 오신다는 말이다. 그럴 경우 논지는 다음과 같이 흐른다. 주 예수의 임박한 재림이라는 관점에서(이에 대해서는 빌립보서 3장 끝에 촉구하는 언급을 했다), 관용하고 사심 없이 살라는 데는 충분한 동기가 있다. 주님의 재림은 동기를 부여한다. 사도 요한은 다른 곳에서 이렇게 쓴다. "주를 향하여('그 자신에 대하여', 즉 신자 자신에 대하여 또는 소망의 대상에 대하여 언급하면서 '그리스도에 대하여')[2] 이 소망(예를 들어, 주님의 재림과 그때 있을 우리의 변화에 대한 소망)을 가진 자마다 그의 깨끗하심과 같이 자기를 깨끗하게 하느니라"(요일 3:3).

예수님이 다시 오실 때 당신은 무엇을 하기 원하는가?
예수님이 다시 오실 때 당신은 무엇을 말하기 원하는가?
예수님이 다시 오실 때 당신은 무엇을 생각하기 원하는가?

우리 각자는, 예수님이 다시 오실 때 우리가 **원하지 않는** 행동과 말과 생각을 한번 생각해 볼 수 있다. 주일학교 시절에, 우리는 다음과 같은 노래를 합창했다.

    선한 일을 하는 것, 좋은 씨를 뿌리는 것,
    살면서 어리석은 일을 더 이상 하지 않는 것,

최선을 다하는 것, 매 시험마다 이기는 것,

그것이 주님이 발견하는 나의 모습이길 원하네.

"너희 관용을 모든 사람에게 알게 하라 주께서 가까우시니라."

이것이 이 4장 5절의 후반부를 읽는 또 다른 방식이다. 그러나 바울이 사용하는 독특한 표현 때문에, 바울이 주님이 **공간적으로** 또는 더 나은 차원에서 **개인적으로** 가까이 계심을 의미한다는 쪽이 더 개연성이 있다. 주님은 멀리 떨어져 계시지 않고 매우 가까이 계신다. 그렇다면 어떻게 우리는 자신에게 동기를 부여할 수 있겠는가?

부활하시고 높아지신 주님이 당신과 친구들이 앉아 있는 방에 걸어 들어오신다고 상상해 보라. 주님이 어떤 분인지에 대해 아무도 의심을 품지 않는다고 상상해 보라. 어떻게 반응하겠는가?

즉시 주님께 달려가 당신의 탁월함을 자랑하겠는가? 주님이 오셨을 때, 그분의 영광을 일별하고 또 그분의 못박히신 손을 만져보고도 자신의 덕을 자랑하겠는가? 그때 자신을 자랑할 생각이 마음속에 조금이라도 자리잡을 수 있겠는가?

그럴 수 없을 것이다! 하지만 그것이 요점이다. 두세 사람이라 할지라도 주님의 제자들이 주님의 이름으로 모이는 곳에 주 예수께서 주님의 성령을 통해 임재하신다고 약속하셨다. 단지 우리가 그 순간에 주님을 볼 수 없다는 이유만으로 근본적인 실체가 변할 수 있겠는가?

"너희 관용을 모든 사람에게 알게 하라 주께서 가까우시니라."

아무것도 염려하지 않고
대신 기도하기를 배우겠다고 결심하라 4:6-7

이것은 아마 지금까지의 결심 중에서 가장 충격적인 내용일 것이다. 그러나 그것은 단지 바울 자신이 한 말을 부연한 것일 뿐이다. "아무것도 염려하지 말고 다만 모든 일에 기도와 간구로 너희 구할 것을 감사함으로 하나님께 아뢰라"(4:6).

이 사회가 인류 역사상 그 어떤 사회보다도 폭넓게 염려할 것을 요구한다는 것은 의미가 있다. 예를 들어 800년 정도 이전의 과거로 되돌아가 본다면, 우리는 유럽 사람들이 대부분 자기 지역 문제 이외의 것에 대해서는 염려하지 않았음을 발견할 것이다. 물론, 그 지역 문제들은 심각할 수 있다. 의료 혜택이 증진되지 않은 시대여서, 대부분의 가정이 한두 아이 정도는 잃었다. 삶은 때로 가혹하고 야만적이고 길지 않았다. 그리고 세계의 다른 지역과 의사소통이 어렵고 시간이 많이 걸렸다. 사람들은 대부분 이웃 대륙이나 나라는 말할 것도 없고, 바로 이웃 마을에 대해서도 별로 관심이 없었다. 봉건 영주가 전쟁터로 내모는 십자군 같은 특별한 사건을 제외하면, 국제적인 사건에 대해 신경 쓸 필요가 없었다. 당신에게 영향을 줄 수 있는 국내 소식조차도 전달이 느렸고, 본질적으로 남의 일이었다. 압도적 대다수는 자신들의 왕이나 군주가 누구인지도 몰랐다. 당시에는 돌아다니는 그림이나 사진이 없었기 때문이다.

그리고 나서 인쇄기가 들어왔다. 그 뒤를 전보가 이었다. 알렉산더 벨(Alexander Bell)이 전화를 발명했다. 마르코니(Marconi)가 라디오를 발명했다. 이후 얼마 되지 않아 인공위성으로 하늘을 수놓기 시작했다. 나는 공간상으로 2천 2백 마일이나 떨어진 파푸아 뉴기니(Papua New Guinea)에 살고 있는 친구와 이메일을 활발히 주고받는다. 물론, 엄청나게 발달한 통신 수단으로 인해 지금 우리는 '지구촌'이라 말하는 상태가 되었다. 세계 어디서든 작은 충격 사건이 일어나고, 뉴스 편집자가 텔레비전 주요 시간대에 그보다 중요한 소식이 없다고 판단한다면, 그 사건 전체가 저녁 뉴스 시간에 재연되어 우리의 걱정거리를 더할 것이다.

통신 수단의 발달은 평화, 경제, 사헬(Sahel)의 기아, 라틴 아메리카와 필리핀의 엄청난 빈부 격차, 서구의 문화적 타락, 소련의 붕괴, 발칸 반도의 국내 갈등, 르완다의 대량학살, 기타 등등에 대한 걱정거리를 더한다.

당연히, 우리의 염려는 국제적인 사건에 대한 것뿐만이 아니다. 개인적이고 문화적인 문제들이 끊임없이 설문조사를 하고, 인구통계학적으로 점검하고, 통계적으로 분석되고, 신문과 텔레비전에 수없이 쏟아져 나온다. 그 다음 경제가 변하고, 갑자기 극소수만이 영구적인 직업을 갖게 되고, 우리 중 몇몇은 직업이 전혀 없게 된다.

물론, 그 다음에 우리는 다음과 같은 일반적인 일련의 압박을 더 받을 수 있다. 자동차 문제, 직장 동료 간의 갈등, 임박한 시험, 가족과 동료들의 기대, 직장에서의 경쟁, 변질되는 가족, 메마른 결혼 생활, 반항하는 십대 자녀, 사별, 재정적 불안 등의 압력이 점점 증가되며 우리의 숨통을 죈다. 우리를 아주 못살게 군다. 빌립보서의 명령("아무것도 염려하지 말라")을 들은 그리스도인조차 냉소적으로 웃고, "당신은 이해 못해요. 절대 불가능해!"라고 중얼거린다.

아니다, 절대 가능하다. 하지만 우리의 문제는 책이나 모임에서 염려하지 말라는 명령을 자주 만난다는 사실이다. 우리는 경건하게 미소 지으며 이를 악물고 염려하지 않으리라고 결심한다. 그러자마자 다시 염려하게 되지 않을까 염려하기 시작한다. 우리가 간과하는 것은, 어떻게 걱정거리들을 극복할 수 있는지 성경이 말하고 있다는 사실이다. "아무것도 염려하지 말고"는 대책 없는 금지 명령이 아니라, 즉시 대안을 제시하는 명령이다. "다만 모든 일에 기도와 간구로 너희 구할 것을 감사함으로 하나님께 아뢰라"(4:6).

하나님의 자녀로 태어난 우리는 그러한 것들을 알고 있다. 그러나 알고 있는 것과 경험을 통해 실제로 찾아내는 것은 다르다. 염려하는 문제들에 대해 확실하게, 오랫동안, 충분히 기도한 때가 마지막으로 언제인가? 당신을 못살게 굴고 괴롭히는 문제들에 대해 말이다. 당신은 그것을 끄집어내어 자세히 하나님께 아뢰는가? 당신의 짐을 하나님께 맡겨 드리는가?

시간, 오직 하나님 앞에 조용히 혼자 있는 시간이 필요하다. 삶이 너무나 바빠서, 우리는 3분 남짓한 '경건의 시간'도 못마땅해 한다. 그리고 나서는 하나님이 계시는지 의심한다. 그러나 시편 기자는 바르게 말했다. "지존자의 은밀한 곳에 거주하며 전능자의 그늘 아래에 사는 자여 나는 여호와를 향하여 말하기를 그는 나의 피난처요 나의 요새요 내가 의뢰하는 하나님이라 하리니"(시 91:1-2).

규칙적인 기도로 아버지 앞에 나아가는 그리스도인은 베드로가 옳다는 것을 발견한다. "너희 염려를 다 주께 맡기라 이는 그가 너희를 돌보심이라"(벧전 5:7). 바울이 옳다는 것을 발견한다. "우리가 알거니와 하나님을 사랑하는 자 곧 그의 뜻대로 부르심을 입은 자들에게는 모든 것이 합력하여 선을 이루느니라"(롬 8:28).

우리는 하나님의 주권과 그분의 지혜로운 선하심에 대해 확신함으로써 새롭게 된다. 빌립보서 4장에 따르면, 아무것도 염려하지 않는 길은 모든 일을 기도로 채우는 것이다. "모든 일에 기도와 간구로 너희 구할 것을…하나님께 아뢰라." 염려와 진정한 기도가 서로에게 불과 물보다 더 적대적이라는 벵겔(Bengel)의 주장은 옳다. 나는 탁월한 기도 생활을 누리는 사람 중에 사서 걱정하는 사람을 본 적이 없다.

두려워하는 성도들이여, 신선한 용기를 취하세요.
그대가 그토록 두려워하는 구름은 긍휼 때문에 크답니다.
그러므로 부서져 버릴 거예요.
그대 머리 위에서 축복으로

가녀린 감각으로 주님을 판단하지 마세요.
그 대신 그분의 은혜를 신뢰하세요.
눈살을 찌푸리게 하는 섭리 뒤에
그분이 미소 짓는 얼굴을 숨기고 계신답니다.

주님의 목적은 빨리 무르익을 것입니다.
매 시간 진행되지요.
꽃봉오리에는 쓴 맛이 있지요.
그러나 그 꽃은 달콤할 겁니다.

맹목적인 불신은 확실히 잘못된답니다.
그래서 주님의 사역을 헛되이 훑어보게 되지요.

하나님은 자신의 해석자이십니다.

그래서 그분이 그것을 분명하게 밝혀 주신답니다.

- 윌리엄 쿠퍼(William Cowper)

이 가운데 그 무엇도, 인생에 대한 어리석을 정도로 '맹목적인 낙천주의적'(Pollyanna-ish)[3] 접근으로 오해할 수 없다. 그리스도인은 모래 속에 머리를 처박은 타조 같은 현실도피주의자가 아니다. 이 중 그 어느 것도, 우리의 길이 평탄하다거나 길가에 달콤한 향기가 나는 장미가 가득 놓여 있음을 의미하지 않는다. 우리가 죽을 수밖에 없는 운명을 피할 수 있기 때문에, 인생을 살면서 겪을 여러 압력을 초월해 살 것이라는 어떤 암시도 주지 않는다.

전혀 그렇지 않다. 우리는 압력이 존재하는 상황에서, 그것을 견뎌내면서 하나님 안에서의 안식을 발견한다. 단지 지금까지 하나님의 섭리에 따라 인생 행로가 상대적으로 수월했기에 염려하지 않거나 태평한 성격의 소유자라서 염려하지 않는다면, 본문이 제시하는 진리에 대해 거의 알지 못할 것이다. 본문은 근심거리들의 존재를 부정하지 않는다. 그 대신 우리가 그 근심거리들을 어떻게 대해야 하는지 가르쳐 준다. 우리가 긴장을 초월하여 살 수 있는 바른 성격을 가지고 있는지 가르쳐 주지 않는다. 다만 어려울 때 우리를 도울 힘과 은혜를 어디에서 찾을 수 있는지 가르쳐 준다.

사실 우리는 공격적으로 나아가야 한다. 하나님께 기도와 간구를 드려야 할 뿐만 아니라, '감사함으로'도 그렇게 해야 한다. 이것이 다른 곳에서 '찬송의 제사'(히 13:15)라 부른 것이다. 일이 잘 풀릴 때는 바보라도 찬송을 할 수 있다. 모든 일이 최악의 상황일 때 평범한 사람이 찬송하는 것, 이것이 바로 찬송의 제사가 요구하는 것이다. 빌립보서 4장에서, 바울은 다음과 같은 것이 우리의 변함없는 기준이 되어야 한다고 주장한다. 간구와 근심거리와 함께, 우리는 하늘 아버지께 감사를 올려드려야 한다. 사실은 가장 극단적인 슬픔과 고민 가운데 빠져 있을 때에도, 우리가 하나님께 감사드려야 할 것이 많이 있다. 무엇보다도 하나님의 사랑하시는 아들이 죽으심으로 우리가 하나님과 화해되는 특권, 그리고 이 세상과 다음 세상에서 이 큰 구원 때문에 우리에게 주어지는 모든 축복이 그것이다.

아무것도 염려하지 않고 그 대신 기도하기를 배우겠다고 결심하라.

바울이 묘사하는 것처럼, 그 결과는 사랑스럽다. "그리하면 모든 지각에 뛰어난 하나님의 평강이 그리스도 예수 안에서 너희 마음과 생각을 지키시리라"(빌 4:7). 또 한 번, 바울은 기도에 대한 응답이 우리를 모든 문제에서 확실히 벗어나게 해줄 것을 기대하지 않는다. 오히려 하나님의 평안이 우리 마음과 생각을 다스릴 것을 기대한다. 하나님의 평강은 영리한 심리학의 도움으로 적당히 쉽게 분석할 수 있는 것이 아니다. 그날의 끝에, 그것은 모든 총명을 변화시킬 것이다. 이 책을 읽는 많은 사람이 입증할 수 있는 것처럼, 그것은 사람들에게 잘 알려진 그리스도인의 체험이다. 그러므로 그것을 마치 영리한 제안이나 도피주의자의 안락으로 축소하지 말아야 한다. 하나님의 평강은 우리를 안정시켜 주고, 우리를 보호해 주고, 우리를 주님의 기쁨으로 채워 준다. 그리스도인은 하나님을 신뢰하는 가운데 기뻐한다.

19세기에 활동한 스코틀랜드 설교자는 이렇게 말한다.

> 나는 하나님의 산 위에 서 있네.
> 내 영혼에 햇빛을 받으며
> 나는 골짜기 아래에서 폭풍소리를 듣네.
> 나는 우레가 우르르 하는 소리를 듣네.
>
> 그러나 나는 주님, 나의 하나님과 함께 고요하다네.
> 이 영광스런 하늘 아래서
> 그리고 내가 서 있는 높은 곳까지
> 그 어떤 폭풍도 그 어떤 구름도 올라올 수 없네.
>
> 오, 이것이 인생이라! 오, 이것이 기쁨이라!
> 나의 하나님, 주님을 그처럼 찾는 것이
> 주님의 얼굴을 뵙기 위해, 주님의 목소리를 듣기 위해

주님의 모든 사랑을 알기 위해.

- 호라티우스 보나르(Horatius Bonar)

또 다른 사람은 이렇게 말하기도 한다.

고요히 움직이지 않는 주님의 이슬을 떨어뜨려 주소서.
우리 모두의 투쟁이 그칠 때까지
우리 영혼을 긴장과 스트레스로부터 빼내소서.
그리고 우리의 정돈된 삶이 고백하게 하소서.
주님의 평강의 그 아름다움을

우리 갈망의 심장을 통해 호흡하게 하소서.
주님의 신선함과 주님의 향기를
감각이 말을 잃게 하소서. 육신이 쉼을 갖게 하소서.
지진, 바람 그리고 불을 통해 말씀하소서.
오, 고요함이라는 더 작은 목소리로!

- J. G. 위티어(Whittier)

아무것도 염려하지 않고 그 대신에 기도하기를 배우겠다고 결심하라. 그대의 영적 활력을 강화시켜 주는 데, 그리스도인으로서의 행함을 절대 포기하지 않도록 하는 데, 그대에게 은혜를 주는 데 있어서도 그보다 효과적인 것은 없다.

거룩한 것을
생각하겠다고 결심하라 4:8-9

분명 이것이 바울이 의미하는 바다. "끝으로 형제들아 무엇에든지 참되며 무엇에든지 경건하며 무엇에든지 옳으며 무엇에든지 정결하며 무엇에든지 사랑 받을 만하며 무엇에든지 칭찬 받을 만하며 무슨 덕이 있든지 무슨 기림이 있든지 이것들을 생각하라"(4:8).

하나님이 나의 생각을 알고 계신다는 사실을 기억할 때면, 나는 항상 두려워진다. 히브리서 4장 13절을 통해 나는 되짚어 본다. "지으신 것이 하나도 그 앞에 나타나지 않음이 없고 우리의 결산을 받으실 이의 눈앞에 만물이 벌거벗은 것 같이 드러나느니라."

밧세바와 간음죄를 범한 후, 다윗이 이렇게 썼다는 것은 조금도 놀라운 일이 아니다. "하나님이여 나를 살피사 내 마음을 아시며 나를 시험하사 내 뜻을 아옵소서 내게 무슨 악한 행위가 있나 보시고 나를 영원한 길로 인도하소서"(시 139:23-24).

다윗은 하나님이 자기 생각을 알고 계시다는 사실뿐만 아니라 자기 삶에서 뭔가 실제적인 개혁이 일어나려면 그것은 반드시 자기 생각과 함께 시작해야 한다는 사실도 인정한다. 이것이 바로 예수님이 산상수훈을 통해 살인은 미움에서, 간음은 음욕에서 기원한다고 말씀하신 이유다(마 5:21-26, 27-30). 이것이 바로 하나님의 관점에서, 각 사람의 진정한 척도는 그 생각이 기준이라고 하는 이유다. 무엇을 가지고 있느냐, 은사를 얼마나 효율적으로 활용하느냐, 무엇을 행하느냐가 아니라, 무엇을 생각하느냐에 달려 있다. 거룩한 것을 생각한다면, 당신은 거룩하게 될 것이다. 쓰레기를 생각한다면, 당신은 쓰레기가 될 것이다.

그러므로 예언자가 "악인은 그의 길을, **불의한 자는 그의 생각을 버리고**"(사 55:7)라고 주장한 것은 전혀 놀라운 일이 아니다. 죄를 대적할 수 있는 최고의 방법은 많은 시간을 성경을 상고하며 묵상하는 데 보내는 것이다. 완전히 다른 사고방식으로 대체하지 않고는, 우리 마음에서 쓰레기를 걷어치우는 것이 불가능하기 때문이다. 왕이나 지도자들, 굉장히 바쁜 사람들에게도 이것을 최우선에 두라는 말씀을 하셨다(신 17:18-20; 수 1:7-9). 배반당하신 그 밤에, 예수님은 자신을 따르는 자들을 위해 이렇게 기도하셨다. "그들을 진리로 거룩하게 하옵소서 아버지의 말씀은 진리니이다"(요 17:17). 우리의 마음을 사로잡는 진리의 말씀을 떠나서는 영속적인 성화란 절대 있을 수 없다. 우리가 세상에 순응하지 않고 그리스도를 닮도록 변화되는 길은 우리 마음을 새롭게 하는 것이다(롬 12:2).

사람들이 성경에 대한 일종의 기계적인 지식만을 얻는 경우도 있다. 거기에는 회개와 믿음이라는 열매가 없다. 그러므로 영적으로 열매 없는 상태에 머무르게 된다. 그러나 그것이 현재 우리 대부분이 처한 위험은 아니다. 우리가 처한 위험은 하나님을 좇아 그분의 생각을 알기 위한 노력, 하나님의 말씀을 마음에 둠으로써 그분을 대적해 죄를 짓지 않으려는 노력을(시 119:11) 전혀 하지 않는다는 것이다.

컴퓨터에 저장하는 것이 아니라 하나님의 말씀을 우리 마음에 둔다는 것은, 그것을 암송하고, 읽고 또 읽고, 생각하고, 마음에서 살펴보아야 한다는 것을 의미한다. 하나님의 말씀을 그처럼 헌신적으로 흡수함으로써만, 이제는 역으로, 주위를 둘러싼 비성경적 세계관에 저항하고 그것을 바꾸는 것이 가능해진다. 즉, 바울이 말한 것과 같다. "하나님 아는 것을 대적하여 높아진 것을 다 무너뜨리고 모든 생각을 사로잡아 그리스도에게 복종하게 하니"(고후 10:5).

우리 앞에 놓여 있는 단락에서, 바울은 가장 구체적인 방법으로 정리한다. 거짓된 것이 아니라 참된 것을 생각하라. 저급한 것이 아니라 고귀한 것을 생각하라. 무엇이든지 옳은 것을 생각하고 악한 것을 품지 말라(이는 당신의 텔레비전 시청 성향에 대해 뭐라고 말하는가?). 단정치 못한 것이 아니라 정결한 것을 생각하라. 역겨운 것이 아니라 사랑스러운 것을 생각하라. 비루한 것이 아니라 칭찬 받을 만한 것을 생각하라. 무엇이든지 훌륭한 것이면, 바로 그것을 생각하라.

이것은 우리의 타락한 세계가 처해 있는 가혹한 실제 상황을 피하라는 현실도피적인 요구가 아니다. 슬픈 사실은 많은 사람이 먼지 위에 살면서 이것이 먼지라고 생각하지 않으며 산다는 것이다. 지혜로운 그리스도인은 세상에서 많은 먼지를 볼 때 그것을 먼지로 인정할 것이다. 그것은 단지 모든 깨끗한 것이 그와 그의 마음을 사로잡았기 때문이다.

다음과 같은 찬송은 옳다.

> 내 생각을 인도하소서, 길을 잃지 않게 보호하소서.
> 내가 지혜롭지 못한 길로 빠지지 않도록
> 내가 주님의 사랑을 배반하지 않도록
> 갈보리에서 돌아서지 않도록.

또 이런 구절도 옳다.

> 그리스도 나의 주님의 마음이
> 날마다 내 안에 살게 하소서.
> 그분의 사랑과 능력이 조절해 주심으로써
> 내 모든 것을 행하고 말하겠나이다.
>
> - 케이트 바클리 윌킨슨

거룩한 것을 생각하겠다고 결심하라.

게다가 빌립보서 4장 8절은 그 다음 절과 밀접한 관련이 있다. 빌립보 신자들에게 거룩한 것을 생각하라고 말한 후, 바울은 계속해서 말한다. "너희는 내게 배우고 받고 듣고 본 바를 행하라 그리하면 평강의 하나님이 너희와 함께 계시리라"(4:9). 즉, 바울은 앞 장에서 아주 강하게 강조한 주제로 다시 돌아간다. 우리는 훌륭한 그리스도인 지도자를 본받아야 한다. 이 장에서 동일한 주제가 이제 마음의 훈련에 적용된다. 즉, 자신의 마음을 분명하게 훈련해 온 그리스도인 지도자를 본받아야 한다. 물론 우리는 마음이 말하고 행한 것을 통하지 않고는 그 마음을 알 수 없다. 그러나 바로 그것이 논지다. 바울은 효과적으로 말하고 있다. "내가 그대들과 함께 있을 때, 나의 마음이 어떠했는가? 내가 무엇을 말했는가? 내가 무엇을 읽었는가? 내 대화의 주제가 무엇이었는가? 내가 무엇을 가치 있게 여겼는가? 마음을 발전시키기 위해 내가 무엇을 했는가? 너희는 나에게서 받고, 배우고, 듣고 본 바를 행하라. 그리하면 평강의 하나님이 너희와 함께 계실 것이다."

거룩한 것을 생각하겠다고 결심하라. 이것이 그리스도인으로서의 행함을 절대 포기하지 않는 헌신의 기본이다.

자족의 비밀을 배우겠다고 결심하라 4:10-13

바울은 자신의 필요를 채워주기 위해 후원금을 보낸 빌립보 신자들에게 그들이 보여 준 관심을 언급함으로써, 이 단락을 시작한다. "내가 주 안에서 크게 기뻐함은 너희가 나를 생각하던 것이 이제 다시 싹이 남이니"(4:10a). 마치 바울이 "마침내, 너희가 돌아다니다가 이제야 겨우 도달하게 되었구나"라는 식으로 표현한 것 같다. 이 문맥에서 '이제'라는 표현은 빌립보 신자들이 너무 늦었다고 책망하는 비판적인 내용을 암시하는 것이 아니다. 그보다는 오히려 온갖 이유로(그중에서도 바울의 끊임없는 여행으로) 중단되었다가, 지난 며칠이나 몇 주 동안, 그들이 10년 전 초기에 보여 주었던 관심이 되살아났음을 의미한다. 이것이 바울이 의미한 바임은 그 다음 구절을 통해 확실해진다. "너희가 또한 이를 위하여 생각은 하였으나 기회가 없었느니라"(4:10b).

그러나 바울은 자신이 빌립보 교인들에게 이렇게 감사함을 표현하는 것이 오해받을 수 있음을 분별 있게 꿰뚫고 있다. 어떤 사람들은 자신이 더 많은 후원을 원한다는 것을 상대방이 놓치지 않게 에둘러 감사의 목소리를 낸다. 아마 그들은 굽실거릴 것이다. 그들의 감사에는 딱 꼬집어 말할 수는 없지만 왠지 자신이 조종당하고 있다는 느낌을 피할 수 없게 만드는 무엇이 있다. 한동안 선교 기도 편지들이 그런 식이었다. 비영리 단체들이 보내는 그 감사 편지들은 자주 그런 식으로 말한다. 하지만 바울은 그런 기회를 이용하지 않는다. 그런 모든 가능성으로부터 자신을 차단한다. 그래서 곧바로 자신의 동기를 설명한다. "내가 궁핍하므로 말하는 것이 아니니라 어떠한 형편에든지 나는 자족하기를 배웠노니 나는 비천에 처할 줄도 알고 풍부에 처할 줄도 알아 모든 일 곧 배부름과 배고픔과 풍부와 궁핍에도 처할 줄 아는 일체의 비결을 배웠노라 내게 능력 주시는 자 안에서 내가 모든 것을 할 수 있느니라"(4:11-13).

이것은 놀라운 자세다. 그중에서 특히 두 가지 점에 주목하라.

첫째, 자족의 비밀은 대개 호화로운 환경이나 박탈당한 환경에서 배울 수 있는 것이 아니다. 양쪽 환경 둘 다에 노출됨으로써 배울 수 있다. 당신이 부유한 가정 출신이라면, 어떤 것에도 부족함을 경험해 보지 않았을 것이다. 당신이 소중하게 여기는 어떤 것을 빼앗겨 보지도 않았을 것이다. 갑자기 불가피하게 가난해진다면, 당신이 그 상황에서 편안하고 만족하는지 못하는지에 따라 문제가 달라진다.

그러나 반면에 당신이 실제로 가난한 환경에서 자란 사람일 수도 있다. 아마도 불확실성과 박탈감을 경건한 방법으로 다루는 법을 배웠을 것이다. 이제는 당신이 갑자기 부유해진다면, 당신이 만족할 수 있느냐 아니냐에 따라 문제가 달라진다. 그것이 당장에 당신을 타락시킬 것인가? 아니면 당신은 이 모든 소유물로 인해, 거울에 비친 자신을 거의 바라볼 수 없을 정도로 큰 죄책감을 느낄 것인가?

바울은 자신의 만족이 양쪽 다의 조건 아래서 힘을 발휘했다고 조심스럽게 주장한다. "나는 비천에 처할 줄도 알고 풍부에 처할 줄도 알아 모든 일 곧 배부름과 배고픔과 풍부와 궁핍에도 처할 줄 아는 일체의 비결을 배웠노라." 그는 종종 부유함에 동반되는 거만을 피해 버린다. 또 종종 가난에 동반되는 일종의 영적 교만 역시 피해 버린다. 적나라한 사실은 **바울의 만족이 환경과 전적으로 독립되어 있기 때문에** 그가 양쪽 환경에 모두 만족한다는 것이다. 바울의 만족은 그가 그리스도 예수를 누린다는 사실에 초점이 맞춰져 있다. 이것은 그가 경험을 통해, 자기 환경이 어떠하든지 느긋한 만족을 배웠음을 의미한다.

둘째, 그리스도인의 자족의 비밀은 스토아 철학의 자기 충족과는 무척 다르다. 바울은 아무것도 자기를 움직일 수 없다는 것을 그렇게 강하게 주장하지는 않는다. 또 그는 의지의 최고 행위를 사용해서 환경으로부터 독립하겠다고 간단하게 결심하지도 않는다. 그런 것과는 거리가 멀다. 그는 즉시로, 자신이 자족의 경지에 이르렀다면, 그것은 모두 하나님으로 인한 것이라고 고백한다. "내게 능력 주시는 자 안에서 내가 모든 것을 할 수 있느니라"(4:13).

이 절은 종종 문맥에서 벗어나 오용되곤 한다. 바울은 자신이 그리스도인이기 때문에 또 하나님이 자기편이시기 때문에, 말하자면 자신이 천하무적이라고 주장하는 것이 아니다. 마치 '나는 죽은 자를 살릴 수 있다'라거나, '나는 물 위를 걸을 수 있다'라는 식으로, 바울이 말하는 '모든 것'에 제한이 전혀 없는 것이 아니다. 같은 이유로 좋은 의도를 가졌으나 잘못 알고 있는 교회 지도자들이 교인들을 조종해서 실제로는 자신이 해야 한다고 생각하지 않는 어떤 것을 하게 만드는 데 이 절이 사용되어서는 안 된다.

"그러나 존스 부인, 당신은 이전에 주일학교에서 가르쳐 본 적이 없다는 이유로 열 살 소년들을 가르쳐 달라는 우리 초대에 '아니오'라고 말할 수 없어요. 또 당신이 이 분야에 은사나 소명이나 관심이 없다고 느낀다고 해서, '아니오'라고 말할 수도 없어요. 바울은 우리가 우리에게 힘주시는 그리스도를 통해 모든 것을 할 수 있다고 가르치지 않습니까."

이것은 소름끼치는 일이다. 바울의 '모든 것'은 문맥에 의해 제한된다. 그의 요점은, 부유하고 힘이 있든지, 가난하고 힘이 없든지, 대단히 많은 군중 앞에서 기름부음을 받아 설교를 하든지, 불결한 감옥에 감금되어 있든지, 자신이 처한 환경이 그 어떤 것이든지 간에, 자신을 하나님께 던져 만족하는 것을 배웠다는 것이다.

바울은 자신에게 힘주시는 분을 통해 이 모든 것, 하나님이 자신에게 행하라고 맡기신 모든 것을 할 수 있다. 복음이 진전하게 하라. 하나님의 뜻이 내 안에서 나를 통해 이루어지게 하라. 바울은 말한다. "내게 맡기신 것을 할 수 있도록 변치 않고 힘주시는 분을 신뢰할 수 있기 때문에, 나는 만족한다."

급변하는 어려운 환경을 초월하여 살 수 있는 힘을 공급해 주시는 것은 하나님만 하실 수 있다. 그리고 이것은 우리에게 힘과 결심과 전망을 가져다준다. 그러나 당신이 그리스도인으로서의 행함을 절대 포기하지 않는 것을 보증해 주는 것은, 환경을 초월하여 사는 것, 즉 그리스도 예수 안에서 전적으로 만족하는 것이다. 자족의 비밀을 배우겠다고 결심하라.

그리스도인의 감사와 예절의 은혜 안에서 자라겠다고 결심하라 4:14-23

이 종결 단락은 놀라운 목회적 마무리로 가득 채워져 있다. 환경에 관계없이 아무리 만족한다 할지라도, 바울은 빌립보 교인들이 제공해 주었던 것에 대해 감사한다. 바울은 다음과 같이 기록한다. "그러나 너희가 내 괴로움에 함께 참여하였으니 잘하였도다"(4:14). 진실로 그들은 복음 전도에 재빨리 헌금으로 참여한 유일한 그리스도인들이었다. "빌립보 사람들아 너희도 알거니와 복음의 시초에 내가 마게도냐를 떠날 때에 주고받는 내 일에 참여한 교회가 너희 외에 아무도 없었느니라 데살로니가에 있을 때에도 너희가 한 번뿐 아니라 두 번이나 나의 쓸 것을 보내었도다"(4:15-16). 지도에서 바울의 여정을 따라가는 것이 도움이 될 것이다. 바울은 소아시아의 드로아에서 떠나 유럽으로 건너갔다. 네압볼리 항구에 도착하고, 즉시 빌립보로 갔다. 거기서 그와 실라는 매를 맞고, 투옥되고, 마침내 도시

밖으로 호송되었다. 그러나 그것은 그들이 이 개척 교회를 세우고 난 후였다. 빌립보를 떠나면서 바울은 암비볼리와 아볼로니아를 재빨리 지나서 데살로니가에 도착했다. 거기서 그는 짧은 일정 속에서 다른 교회를 시작했다. 그러므로 바울이 말하는 것은, 그가 데살로니가에 도착해서 거기서 복음 전파를 시작할 때까지, 아덴과 고린도에서 복음을 전하기 위해 그곳을 떠나기 전에, 빌립보 교인들은 이미 도울 길을 찾고, 이 큰 사역에서 자신들이 맡을 수 있는 역할이 무엇인지 정보를 달라고 요청했다는 것이다. 분명히 바울은 데살로니가에 몇 주만 머물렀다. 그러나 그 상대적으로 짧은 시간 동안 빌립보 교인들은 여러 차례 다녀갔다. 바울의 입장에서는 아무리 깊은 감사를 표현해도 과장이 아닌 것이다.

다시 한 번, 바울은 자신이 다른 선물을 바라는 마음에서 쓰고 있는 것이 아니라고 주장한다. 원하는 것이 있다면, 다음과 같은 것이라고 그는 말한다. "내가 선물을 구함이 아니요 오직 너희에게 유익하도록 풍성한 열매를 구함이라"(4:17), 즉, 바울은 근본적으로 빌립보 교인들이 복음 사역에 매우 관대한 것에 대해 기뻐했다. 자신이 그 관대함을 받았기 때문이 아니라, 그들이 관대함을 가지고 그리스도인답게 행동했기 때문에 기뻐했다. 아무에게도 빚지지 않으시는 하나님이 그들에게 갚아주실 것이다. 그는 자신이 일을 할 수 있도록 받았던 도움보다 베풀 줄 아는 관대한 교회이기 때문에 그들이 경험하게 될 축복으로 인해 더 기뻐했다.

이제 바울은 그들이 주는 대상을 바꾸려고 확실하게 노력하고 있다. "내게는 모든 것이 있고 또 풍부한지라 에바브로디도 편에 너희가 준 것을 받으므로 내가 풍족하니"(4:18a). 어쨌든 빌립보 교인들이 그런 관대한 선물을 바울에게 보내든지 다른 사람들에게 보내든지, 그 선물은 하나님께 드린 첫째 것이요 최고의 것이었다. "이는 받으실 만한 향기로운 제물이요 하나님을 기쁘시게 한 것이라"(4:18b).

여기에 그리스도인의 예절에 대한 중요한 교훈이 있다. 바울이 빌립보서에서 신자들에게 어떻게 감사하는지 고찰해 보라. 그의 서신 중 하나를 제외하고 모든 것에 있는 '감사' 단락의 시작 부분을 읽고 또 읽어 보라. 바울의 감사 유형은 다른 신자들이 행한 것 때문에 또는 자신이 신자들에게서 찾아낸 영적 생명력을 보여 주는 표지들 때문에 하나님께 감사하는 것이다.

이는 갑절로 현명한 행동이다. 우리가 쉽게 빠지는 정반대의 실수와 대조해 보라. 한편으로, 사람들에 대한 칭찬이 지나친 그리스도인 지도자들이 있다. 그들은 지나치고 터무니없는 아첨으로 다른 사람들을 조종하고 있다는 결론을 피하기 어렵다. 물론, 어떤 경우에 그것이 단지 성격적인 버릇인 경우도 있을 것이다. 나는 우리 집에 식사를 하러 왔던 한 특별한 교수를 기억한다. 그는 열정적이고 정중한 예절로 유명했다. 그 식사에서 우리는 그에게 라자냐와 스파게티와 고기 소스를 제공했던 것 같다. 그것은 고급 저녁식사가 아니었다. 그날 저녁 아이들과 함께 먹기로 약속했던 것이기 때문이다. 그리고 확실히 아이들은 좋아했다. 그 존경할 만한 교수는 라자냐 맛이 탁월하다고 계속해서 말했다. "카슨 부인, 이것은 정말 좋군요. 이것은 엄청나게 영광스러운 식사입니다"라는 식의 말이었다. 그러나 그 교수가 과장된 예절을 갖추는 특이한 경향을 가지고 있는 것으로 유명했기 때문에, 우리는 대수롭지 않게 생각했다. 그것은 단지 그의 방식일 뿐이었다. 그러나 어떤 그리스도인 지도자들은 다른 사람들을 칭찬하는 데 매우 관대한 자세를 취한다. 주변의 다른 사람들이 그 자세를 모방하게 된다. 그러면 그 교회는 더 이상 하나님을 향하지 않게 된다. 그들은 서로 칭송해 주는 단체일 뿐이다.

또 다른 한편으로, 어떤 그리스도인 지도자들은 하나님의 영광만을 위한다. 어떤 신자들이 어쨌거나 좋은 점이 있다면, 그 지도자는 하나님이 그 신자들 안에서 그들을 통해 일하시는 결과일 뿐이리고 확신한다. 그래서 사람에게는 기의 감사를 하지 않는다. 그들은 마지못해 겨우 칭찬한다. 그들의 굳게 다물어진 입술에 있는 과묵함은 값싼 아첨을 피하는 길이다. 게다가 그들은 자기 자신이나 다른 사람들의 교만의 죄를 너무 두려워하기에, 사람들이 우러러보게 만드는 찬사를 피한다. 그들은 생각한다. '당신이 설교자에게 설교가 좋았다고 말한다면, 그 설교자가 일주일 내내 으스댈 것이다. 설교를 통해 도움을 받았다면, 집에 가서 하나님께 감사하고 그 설교자를 칭찬으로 넘어지게 하지 말라. 그 어떤 사람도 칭찬으로 인해 실족하게 만들지 말라. 집사, 주일학교 교사, 교회 이사, 경비, 오르간 반주자 등 그 누구라도.'

그러나 바울은 이 문제를 바르게 푼다. (때로는 그렇게 하지만) 그는 단순히 사람에게 감사하지는 않는다. 그는 그들 안에 있는 하나님의 은혜에 대해 하나님께 감사한다. 그러나 그는 사람들 **앞에서** 하나님께 감사한다. 그러한 신자들에게 효과적으로 접근해서 말한다. "나는 너희의 삶에 나타난 하나님의 은혜로 인해 크게 기뻐한다." 또는 "나는 너희를 기억할 때마다 하나님께 감사한다." 또는 "너희의 삶은 하나님께 드리는 향기로운 제물이다. 하나님이 매우 기뻐하시는 제사다." 이것이 바로 바울이 여기서 말하는 것이다. 그는 자기를 도운 것이 빌립보 교인들의 선의였다는 사실을 인정한다(4:14). 그러나 그는 자기가 넉넉하게 되었다는 것보다는, 이것이 그들의 성품에 대하여 무엇을 의미하는지, 이것이 그들의 삶에 있을 어떤 축복을 의미하는지에 대해 더 관심이 많다고 재빨리 주장한다(4:17). 어쨌든 선물은 하나님이 "받으실 만한 향기로운 제물이요 하나님을 기쁘시게 한 것"(4:18) 중 첫째요 최고라고 주장한다. 그리고 이 모든 것은 **주 안에서** 누리는 바울의 기쁨을 자극한다(4:10). 빌립보 교회에 있는 은혜의 표지들이 주 예수께로 근원을 추적해 올라갈 수 있다는 것을 인정하기 때문이다. 그리고 그동안에 바울은 빌립보 교인들에게, 하나님은 그 누구에게도 빚지지 않으시기 때문에 그들로 하여금 자신들이 필요로 하는 것을 하나님께 의존할 수 있음을 기억하게 한다. "나의 하나님이 그리스도 예수 안에서 영광 가운데 그 풍성한 대로 너희 모든 쓸 것을 채우시리라"(4:19).

이 장의 마지막 절들도 그리스도인의 예절을 반영한다. "그리스도 예수 안에 있는 성도에게 각각 문안하라 나와 함께 있는 형제들이 너희에게 문안하고 모든 성도들이 너희에게 문안하되"(4:21-22a). 이것은 마치 바울이 다양한 곳에 있는 신자들을 서로 연결시켜 주려고 끊임없이 노력하는 것처럼 보인다. 그리고 나서 그는 아이러니를 즐기며 미소를 짓는다. "모든 성도들이 너희에게 문안하되 **특히 가이사의 집 사람들 중 몇이니라**"(4:22). 아마도 바울이 감옥에 있는 이유는 가이사 때문일 것이다. 그러나 복음은 가이사의 집에 파고들었다. 결정적으로 책임 있는 분이 누구인지 그리고 그분이 어떻게 일하시는지 기억하는 것이 중요하다.

그리스도인의 감사와 예절의 은혜 안에서 자라겠다고 결심하라. 지금까지 이것은 일반적으로 이루어지는 좋은 양육과 좋은 훈련에 동반되는 감사나 예절과 정확하게 같은 것은 아니라는 사실이 명백해졌다. 그 범주가 다르다. 그 가치는 단순히 형식적인 것이 아니다. 그 유형도 약간 다르다. 단순히 예절바른 것 외에도, 그리스도인의 예절은 신자를 강하게 만들어 주고 그들로 하여금 생각을 하나님께 돌리도록 초청한다. 그리스도의 몸으로서 서로를 이끌어주는 결속을 강화시켜 준다. 그것은 우리 자신의 훈련을 강하게 하고 그리스도 안에 있는 우리의 형제자매들을 교화시킨다. 그럴 때 교회에는 그리스도인으로서의 행함을 절대 포기하지 않겠다고 결심하는 일이 배가될 것이다.

내가 한 절을 빼놓은 것을 알아차렸을 것이다. "하나님 곧 우리 아버지께 세세 무궁하도록 영광을 돌릴지어다 아멘"(4:20). 이것은 바울이 깊이 생각하지 않은 채 가끔씩 무리하게 자기 본문에 넣어야 한다는 의무감을 느껴 그냥 삽입하는 공식과 같은 문구가 아니다.

오히려 사도는 이 장면에서도, 독자들이 사도의 명령에 복종하겠다고 결심하고, 자신이 이 장에서 제공한 모든 충고를 따르는 것이 가능함을 환기시키고 싶어 한다. 결정적인 요소는 이것이다. 이 신자들이 그리스도인의 모든 제자도, 그리스도인의 모든 미덕, 그리스도인의 모든 결심, 그리스도인의 모든 인내가 하나님의 영광을 위한 것이어야 한다고 생각하는가 아니면 궁극적인 목적 그 자체라고 생각하는가?

슬픈 사실은, 이 장에서 주어지는 명령들(다른 진정한 신자들과 같은 마음을 추구하겠다고 결심하고, 주 안에서 항상 기뻐하겠다고 결심하고, 관용으로 모든 사람에게 알려지겠다고 결심하고, 아무것도 염려하지 않고 대신 기도하기를 배우겠다고 결심하고, 거룩한 것을 생각하겠다고 결심하고, 자족의 비밀을 배우겠다고 결심하고, 그리스도인의 감사와 예절의 은혜 안에서 자라겠다고 결심하는 것 등)을 듣고서, 그러한 미덕을 자신이 성취해야 할 작은 신으로 여기며 보물처럼 다룰 그리스도인들이 간혹 있다는 것이다. 그렇다면 그것은 새로운 수준의 율법주의를 낳을 뿐이다. 더 안 좋게는, 이것들이 목적 그 자체라면, 많은 에너지와 헌신을 바치기에 합당하지 않다. 그러나 이 미덕들이 유쾌하고 사랑스럽게 하나님께 바쳐진다면, 그것은 모든 것에 차이가 나게 만들어 줄 것이다. 그것들이 선하기 때문만이 아니라, 하나님이 그것들을 요구하시고 우리가 그것들을 실천하며 살 수 있는 은혜를 우리에게 주시기 때문에도 우리는 이것들을 추구하겠다고 결심해야 한다. 그리고 그 결과는 하나님이 영광을 받으시는 것이다.

이 마지막 장에서 분명한 것은, 필수적으로 교리를 설명할지라도, 바울은 정보 이상을 제공한다는 점이다. 사도는 광대한 정보와 지식을 제공한다. 그러나 그는 또한 자기 회심자들을 지혜로 인도한다. 그들에게 주 예수 그리스도의 제자로서 사는 법을 가르치고, 그리스도를 따르는 자로서 행하는 법을 가르칠 뿐만 아니라 그 마지막까지 그 행함에서 인내하는 법도 가르친다.

그리스도인다운 행함을 절대 포기하지 말라.

1장. 복음을 최우선시하라

1 '직접적으로'란 말이 가장 좋은 표현은 아닐 것이다. 그러나 나는 이 순간에 더 좋은 단어를 생각해낼 수 없다. 우리는 하나님의 영광을 위한 돼지고기 포장이 간접적으로 영원한 의미를 지닌다고 말해야 할 것이다. 그 일을 통해 영원하신 하나님을 영화롭게 하고, 영원을 예비한다고. 그러나 그것은 열매 맺는 전도나 널리 행해지는 중보기도가 갖는 것과 동일하게, 직접적으로 영원한 의미를 지니지는 않는다.

2 헬라어의 미래 시제는 일반적으로 단순한 미래성보다는 기대를 나타낸다.

3 James Paton 편집, *John G. Paton: Missionary to the New Hebrides, An Autobiography* (Edinburgh: Banner of Truth Trust, 1965), p. 56.

2장. 예수님의 죽음을 삶의 기준으로 삼으라

1 개역개정판에서는 '화목 제물'이지만, propitiation은 화목(reconciliation)과 다르다. 그래서 박형룡 박사의 제안에 따라 혼돈을 막기 위해 '유화 제물'이라고 번역한다.- 옮긴이.

3장. 훌륭한 믿음의 지도자들을 본받으라

1   나는 대개 NIV에서 인용하고 있다. 그러나 내가 시대착오에 대해 아무런 관심도 없다는 인상을 줌으로써 잘못 인도하고 싶지는 않다. 물론, 그때 나와 친구들이 사용했던 영어 성경인 KJV에는 이렇게 되어 있다. "내가 그리스도를 본받는 자가 된 것같이 너희는 나를 본받는 자가 되라."

2   똑같이 설교를 매우 강조하지만, 한국 교인들의 예배 관념은 대체로 이것과 반대인 것 같다. 즉, 그들에게는 설교가 예배다- 옮긴이.

3   David Peterson, *Engaging with God* (Leicester: Apollos, 1992).

4   개역개정판은 '본받음'이라고 번역하여 '모방'의 주제를 제시하고 있다. 하지만 실제로 이 문장의 앞부분에서 '교제'나 '참여'를 말하는 것처럼, 헬라어 원문은 NIV와 같이 '연합'의 주제를 다루고 있다. 본받는 것은 예수님과 바울(또는 신자)이 서로 분리돼 있는 상태이고, 참여는 예수님과 바울(또는 신자)이 서로 하나가 되는 것이다. 바울은 3장 전체에서 모방이나 본받음의 주제를 다루고 있다. 그러나 카슨은 모방과 참여가 서로 다른 것이라는 사실을 분명하게 의식하고 있다. 예수님의 십자가 죽음은 우리가 노력해서 본받아야 하는 대상이 아니라, 성령님을 통해 참여해야 하는 대상이다. 우리는 그리스도의 죽으심과 합하여 세례를 받아 그리스도와 연합되고 하나가 된다(롬 6:3- 5). 그러므로 모방과 연합은 주체가 다르다. 모방은 신자가 성령의 도우심을 받아 스스로 해야 하는 것이지만, 연합은 성령께서 주시는 것을 신자가 받아들일 뿐이다. 여기서 순서가 중요하다. 먼저 연합이 있고, 그 다음에 비로소 모방이 있을 수 있다- 옮긴이.

4장. 그리스도인다운 행함을 절대 포기하지 말라

1   A. W. Tozer, *The Pursuit of God* (Harrisburg: Christian Publication,

1948), pp. 45-46. 『하나님을 추구함』(생명의말씀사).

2 헬라어는 '그를 향하여'이므로, 3인칭 대명사 '그'는 문맥상 신자 자신이나 그리스도 그 어느 쪽으로도 해석될 수 있다는 말이다. 그렇지만 개역개정판에는 '그'를 '주'로 고정하여 "주를 향하여"라고 번역하였다 - 옮긴이.

3 폴리아나(Pollyanna)는 미국의 여류 소설가인 엘리너 포터(Eleanor Porter, 1868-1920)의 유명한 소설 『폴리아나』에 나오는 여주인공의 이름이다. 그녀는 어리석을 정도로 낙천적인 자세를 가지고 있다 - 옮긴이.

역자 후기

유명한 신약학자 D. A. 카슨의 강해서를 번역하는 것은 새로운 기쁨이었다. 요한복음 주석 같은 그의 주저들을 보면, 그가 주석이나 논문을 치밀하게 쓴다는 것을 알 수 있다. 또 그는 성경뿐 아니라 그리스도인의 삶에도 많은 관심을 가지고 있어서 매우 폭넓은 주제를 담아내는 저자로 유명하다. 이 책을 번역하는 과정도 그의 모습을 새롭게 보게 되는 즐거운 기회였다.

이 책은 중산 중간에 만연체로 늘어지는 부분이나, 그의 다른 저작에서는 잘 볼 수 없는 직설적인 구어체도 종종 눈에 띈다. 때로는 논리가 약간 부연되기도 하고 비약되기도 한다. 이는 저자가 구두로 강해한 것을 글로 옮겨 썼기 때문이 아닌가 생각된다. 그렇기 때문에 종종 설교나 강의를 들으며 앉아 있다는 착각이 들기도 한다. 따라서 번역 과정에서 우리말에 맞추기 위해 어쩔 수 없이 구어체를 문어체로 바꿔야 했던 부분은 여전히 아쉬움이 크게 남는다.

번역 과정에서 특히 어려웠던 점은 번역 용어 정리, 문화적 차이에서 비롯되는 뉘앙스의 전달이었다. 우리가 사용하는 빌립보서의 한글 성경(개역개정판)과 카슨이 사용하는 NIV는 여러 부분에서 번역상의 차이를 보인다. 그래서 가급적 카슨이 사용한 NIV의 번역을 반영했다. 먼저, 헬라어에 출중한 저자가 특별한 언급 없이 NIV를 사용하는 경우에는, 저자가 그 번역에 이의를 갖고 있지 않기 때문이라 판단했기 때문이며, 또한 개역개정판의 본문을 그대로 수록해서는 저자가 설명하는 미묘한 어감을 살려낼 수 없는 경우가 많았기 때문이다. 저자가 책의 뒷부분에서 설명하는 성경 본문을 앞부분에서 미리 인용하는 경우도 더러 있는데, 이런 경우에도 내용의 일관성을 위해 뒤에서 사용된 번역을 그대로 인용해 제시했다.

또 저자가 말하는 내용 중, 문화적으로 한국 독자들이 이해하기 쉽지 않은 것은 저자의 말을 그대로 살려 놓고, 그 대신 뉘앙스를 그대로 전달하기 위해 역자의 해설을 덧붙였다. 이는 책으로 접하는 설교이지만 설교자가 전하려는 감동을 그대로 느낄 수 있는 분위기를 만들기 위한 것이었다.

역자의 입장에서, 이상에 설명한 부분은 "그리스도인다운 행함을 절대 포기하지 말라"는 이 책 4장의 내용과도 일맥상통하다고 생각했다. 그러나 정작 번역을 마치고 나니, 나의 이런 시도가 저자와 독자의 소통에 장애가 되지는 않았을까 하는 염려가 생기는 것이 사실이다. 혹 이해가 안 되는 부분이 있다면, 그것은 전적으로 역자인 나의 책임이다. 독자 여러분의 넓은 아량과 깊은 이해를 부탁드린다.

  하지만 이 책이 독자들에게 카슨이 뜨거운 가슴으로 강해하던 1994년 "살아 있는 말씀 집회"의 분위기를 조금이나마 느낄 수 있는 기회를, 자신의 신앙 기초를 다시 한 번 돌아보고 정립하는 계기를 제공했으면 한다. 좋은 책을 먼저 접할 수 있는 기회를 주신 국제제자훈련원에 그리고 무엇보다 부족한 자를 문서사역에 동참케 하신 하나님께 감사드린다. 마지막으로, 기도와 교정으로 도와 준 아내에게 고마운 마음을 전한다.

2011년 가을 문턱에서
송영의

국제제자훈련원은 건강한 교회를 꿈꾸는 목회의 동반자로서 제자 삼는 사역을 중심으로 성경적 목회 모델을 제시함으로 세계 교회를 섬기는 전문 사역 기관입니다.

D. A. 카슨이 말하는 **그리스도인의 정의**
Basics for Believers

초판 1쇄 발행 2011년 10월 5일
초판 4쇄 발행 2019년 1월 23일

지은이 D. A. 카슨
옮긴이 송영의

펴낸이 오정현
펴낸곳 국제제자훈련원
등록번호 제2013-000170호(2013년 9월 25일)
주소 서울시 서초구 효령로68길 98(서초동)
전화 02)3489-4300 **팩스** 02)3489-4309
이메일 dmipress@sarang.org

ISBN 978-89-5731-548-4 03230

※책값은 뒤표지에 있습니다. 잘못된 책은 구입하신 곳에서 교환해드립니다.